LAMENT NAD LAVABOOM

ПРЕДГОВОР

ГРОЗНИ САДРЖАЈ ПУЖА ГОЛАЋА

Дуго сам се уздржавао, трпео. Узмицао. Крио се. Уздахе склањао под прохладне плахте. Немир скривао по кутовима и у сенкама запуштених одаја. Избегавао забринуте погледе двојника... А онда је, изненада, покуљао сав тај јад и чемер кога сам се плашио и који се у мени нагомилао до прскања. Бљувао сам зелене и црне громаде муке. Да нисам спонтано заридао над лавабоом, то предуго устезање сигурно би ме удавило. Из моје скврчене душе отпадало је отровно комађе горчине и беде. Стропоштавале су се грозне, лепљиве грумуљице жучи и јада. Отворих очи улепљене знојем и сузама. Шта сам могао видети у умиваонику над којим сам се тресао и грчио? Плодови ридања били су грозни, неподношљиви. Како сам само све то могао држати у себи?! Чудио сам се делићем свести, док је устава и даље била широм отворена. Грозни садржај напаћене душе преливао се и пунио велику керамичку зделу. Заједно с тим нагомиланим незадовољством, плутао је и уздржани бес коме нисам умео да дам одушка.

Нагнут над лавабо, пресамићен, згрожен, проналазим све нове и нове разлоге свом ридању. Кад сам већ почео да лијем крокодилске сузе, очајавам и оплакујем сопствену и заједничку судбину, могу да продужим у бескрај. Грозни садржај пужа голаћа, извртутог као рукавица, просипа се и увећава из часа у час. Пихтијаста гомила на којој се пресијавају зеленкасти испљувци, псовке, и уроци, прелива се већ преко ивице умиваоника, залива ми стопала и прети да потопи купатило. И стан. И спрат. И зграду. И улицу.

И град. И цео свет у коме обитавамо као заробљеници. Као таоци. Као робови и изгнаници... Утроба ми се преврће... Душа распада... Али, бол се не стишава. Ридање не јењава... Кога још може да занима, да гане, јадиковка једног српског писца? Шта се кога тиче туђе бреме? Свакоме је лични јад највећи, најтежи, најцрњи. Писци су у Србији одувек били у немилости. По неком прећутном, интерном, српском договору, бивали су и бивају изложени недаћама и страдању. (Сви, осим оних који су умели да буду удворице.) Ни Достојевски не би ништа написао да га нису гурнули пред стрељачки строј, па, у последњи час, помиловали. Ни Дис не би ништа написао да га нису отпуштали из службе, гонили, терали, да би на крају торпедовали лађу на којој је хитао кући. Ни Душан Васиљев, ни Растко Петровић, ни Драгиша Васић, ти људи не би певали после рата да није било те худе човекове несреће, да нису у рату страдали и настрадали... Постоји фама да песници најбоље и најдубље певају кад су несрећни и када страдају. Или кад су сишли с ума. Тобож, песник не уме да пише када је срећан и када на земљи влада мир. Какве су то ординарне глупости?! Као да је писцу неопходна катастрофа да би покренуо, разиграо своју имагинацију. Не, господо, добром, паметном и талентованом писцу није потребно ништа више осим чистог листа папира и здраве, полетне маште. Најбољи писци једнако добро пишу и у рату и у миру. Али, мир и слобода су неопходни да човек буде срећан, био он уметник или не. Пре свега, потребно је човеку да буде човек. А не скот. А увек ће се наћи неко међу људима ко ће пустити глас, ко ће запевати. Ко ће описати своја путовања. Ко ће прибележити снове. Ко ће насликати зелене висоравни. Ко ће умети да опише плави свод над нашим главама. Неко коме ће лептир мирно стајати на обрви, на челу. Неко ко ће видети све. И ону једну, прву звезду у предвечерје, ниско на хоризонту...

Српски песници обрачунавали су се са својим јадом у кафанама. Гледали су и својски се трудили да свој чемер утопе у бокалима пића и у тешком диму и сумраку периферијских крчми. И бивали су заиста, није да нису, на терету својим савременицима. Да не кажемо – читаоцима. Шта да чините са пијаним, несрећним, онемоћалим песником? Водите га кући, ако уопште има свој дом. Пустите га нека предахне, нека дремне на вашем рамену. Како не знам Брану Петровића? Пили смо заједно „Код беле лађе" сто пута. Што је незгодан при пићу, то је чудо једно... Само покојни песник – смештен у антологије, у историју књижевности и на рафове народне библиотеке, тек такав је песник – у Срба – добар песник. Подношљив. Омиљен. Слављен. Имали смо и ми песнике: Бранка, Змаја, Ђуру и... И још неке... Ови садашњи су некако бледи, неубедљиви, мекани, распричани. Ко ће све то да чита?...

Не бих ли дао себи одушка, написао сам неколико текстова под заједничким насловом *Ламент над лавабоом*. После тога није ми ништа лакше. А сумњам да ће ико пожелети да чује те искидане, задихане вапаје?... Могу само да претпоставим, да наслутим какви ће бити текстови људи који сада ћуте, који се не оглашавају. Не певају. Српска књижевност пред крај XX века биће суморна, пуна очаја. Уколико се ико усуди да рије по још свежим ранама. И уколико ико успе да повеже и да споји оно што је прекинуто. Да пронађе оно што је управо изгубљено. Да запамти оно што сви желимо да што пре заборавимо. Да схвати и да објасни оно што нам се управо дешава...

ПРВИ ТАЛАС

УБИ МЕ ПРАЗНА РЕЧ

Речи, речи, речи...
Толико речи, а тако мало значења. Толико речи, а тако мало порука. Толико речи, а тако мало смисла, тако мало осећања. Толико буке ни око чега. Толико галаме, урлика, надвикивања, а да нико нема шта да каже!?

Речи, речи, речи... Али, где је она једна, права реч? Како је пронаћи? Да ли смо је знали, па изгубили? Да ли је нестала, ишчилела у општем жагору, у непрегледној шуми гласова. Сви говоре углас, а нико никога не слуша. Сви вичу једно другом на уво, а нико ником не чује. Нико не показује знаке да је чуо и разумео свог саговорника. Језици су пометени као у Вавилону и људи већ крећу да разоре свој дом. Како смо сви жељни мира и тишине и како сви упорно настављамо да расипамо своје убоге речи. Како би свако радо ћутао негде у некој забити, на крају света, а како сви и даље настављамо да сејемо своје бедне, голе, кржљаве, сасушене речи. Поља речи. Мора речи. Небеса на чијем су кристалном своду већ урезане наше несувисле, немеуште речи. Толико их већ има да су дојадиле и богу и народу. А сваког јутра и сваке вечери ничу нови, вештачки, хибридни засади на трулежи и ђубрету јучерашњих, запостављених и заборављених, родова и бројева... Речи, речи, речи...

Речи, речи, речи... Како породити ту мисао која се ковитла под челом? Како изрећи праву реч?

Једноставну, кратку, тиху. Јасну. Снажну... Како запазити ту реч која се љуља и мрешка на пучини језика? Која се, вижљаста и гипка, отима из мреже смисла?... Уби ме празна реч! Уби ме шупља, пуста, празна реч! Толико речи одзвања и мучи и оптерећује испразношћу и простотом. Толико речи на ђубришту света. На складиштима и магацинима културе. На стоваришима науке и технологије. На ранжирним станицама уметности. Колико год да је заборављено и изгубљено, још толико је пронађено и поново створено без икакве потребе. Свакодневно све су богатије банке података. Нови контигенти речи, непојмљиво велики и умножени, уписују се у трезоре вештачке меморије. Толико глупости и прљавштине у низовима, ланцима, врпцама и чворовима од речи. Толико много празних речи које лутају кроз ноћ и траже своје жртве. Толико бесмислених, штурих, бестидних порука које пресрећу и даве касне ноћне пролазнике. Толике хорде одбеглих, напасних, на све спремних речи, које саблажњавају девице и спопадају њихове пренеражене матере... Речи, речи, речи...

Речи, речи, речи... Поплава, поводањ, потоп подивљалих, отетих, помахниталих речи. Речи одвојених, отцепљених од свог смисла. Речи које пљушту, сипају, куљају из крвавих облака, које засипају и поља и планине, и пустиње. Савремени човек расипа речи као што бахати наследник траћи неочекивану и незаслужену баштину. Као што ни Бога не треба помињати ни призивати узалуд, тако ни речи не треба трошити без правог повода. Речи, оних правих, нема бесконачно много како нам се сада чини. И не треба их просипати без икаквог реда, у некаквом сумануtom задовољству причања и причљивости. Чега је много, биће га мало. Можда ћемо се кајати и стидети тих слапова хитнутих у празно. Можда ћемо пожелети да очистимо бескрај од речи потрошених у доколици, али на том залудном послу сукобићемо се са стоструким одјецима којима су наше олако ослобођене речи само умножене и појачане како бисмо се, кад-тад, суочили са њиховим бедним садржајем... Речи, речи, речи...

Речи, речи, речи... Последњи је час да људи зачепе своје разјапљене губице и да добро размисле пре но што ће нешто ново рећи. И да ли ће ишта говорити. Ах, ћутање је доиста злата вредно! Како би било дивно да се још једном понови онај исконски мир над водама. Тишина, у којој је само дух Божији лебдео у првобитном складу. Бар неколико момената ћутања. Бар један трен мира... Када би то могло, да дође време затишја и предаха. Кад би будући гласник хтео да се прибере, да се искашље, да се поклони пред величином и смислом своје Добре Вести. Када би хтео да заћути бар док не удахне ваздух за следећи излив, слап, водопад речи. Речи које светлуцају и трепере, али не успевају да се одвоје из матице која их носи, из струје, силне али нехајне, која врлуда и дрхти и хрли напред, не знајући куд... Речи, речи, речи...

ТАЛАСИ

Први талас. Период без икаквих активности. Рок креативне апстиненције. Ужасно мртвило. Не радим ништа. Готово да се не покрећем. Често лежим затворених очију. Ах, како се само мучим! Макар и површан опис грозота којима сам изложен захтевао би небројене странице и сате. Зашто бих свој очај претакао у прозни акт? Кривња због нерада и лењости нараста до размера литице. Ледене литице. Принуђен сам да је примим на своја леђа. А с тим теретом тек не могу да радим. Вртим се у кругу док она грба на плећима буја новим хектолитрима очаја и новим (мега)тонама слеђености. Нервозан и слеп или поспан, налећем на запретене лимесе, блокаде, граничне прелазе, комплексе клиника, библиотека и одмаралишта за државне уметнике; све те стварне и нестварне препреке које сам некад тако лако савладавао, сада ми се чине моћним, узноситим, претешким. Решења су уписана наопако на крају књиге, у appendixu, а донде је далеко.

Други талас. Какво изненађење: почињем да радим! Пишем текстове. Све оно што сам одувек желео да саспем свету у очи, али се нисам усуђивао. Имам снаге да се носим са било којом темом. Жељан сам експеримената, неизвесних проба. Жедан сам писања. Приповедам онако како су чинили наши преци – као да радим ствар најважнију на свету. А шта ли је важније? Без тêже, лак као перо, често духовит. Опуштен као лук из кога је одапета стрела. Стрелу која се удаљава видим као тачку, а циљ као крстић са бројем десет у центру. Ту. Све те ствари, у чопору, једна преко друге, полазе за мојом руком. Стилске фигуре лижу моје прсте, а жанрови-ждралови кљуцају коцке шећера са мог длана. Враћам се да прочитам оно што сам написао и знам да ћу уживати. Бележим и ефектна решења за дела која ћу завршити у будућности.

Нови талас. Застој. Ново безнађе, много страшније од претходног. Потпуно сам сломљен. Чему? – питам се. Чему, чему, че-му-чему... Понављам као папагај, све док „чему" не постане „муче". Право мучење. Заиста, кад мало боље размислим, закључујем да нема сврхе било шта радити. Гадим се над самим собом. И над толиким стварима које сам потписао. Потпуно непотребно. Зашто? Чему? Коме то треба... А нешто касније, ухватим себе у зебњи и страху да више никада ништа нећу написати. Зар је могуће да се тога плашим? Или баш то желим?! Да замукнем потпуно? Или да дрљам и трабуњам као до сада? Шта, у ствари? Два месеца. Или цела четири? Страва. Никоме не бих пожелео то мучење.

Следећи талас. Изненада – промена. Једне ноћи почињем да радим. Увлачим папир у писаћу машину. Почињем да пишем. Све те ствари излазе из мене. Једноставно, зар не? Као да сам и јуче писао. Као да сам јутрос писао. Као да нисам толико дуго буљио у празан папир. У таваницу. Кроз прозор. Радим. Миран сам. Сигуран у себе. Знам да ћу испунити многе беле листове. Већ сам заборавио шта сам све пропатио. Избрисао и почистио своју меморију. Уживам у раду. Пишем.

Таласи. Таласи. Таласи. Талас за таласом. Схватио сам тај ритам. Научио. Знам. Сад знам да ће доћи нови талас. Да ће збрисати оно што је било пре. А да ће затим доћи нови. И тако редом. Горе.

Доле. Мир. Покрет. Креста. Удолина. Талас за таласом. Дан за даном. Ноћ иза ноћи. Дању читам оно што сам написао претходне ноћи. Пишем само ноћу. Зашто? Талас тако хоће. Талас ме ноћу носи. Добри таласи наилазе само ноћу. Ноћни валови. А дан је раван и светао. Осека оставља на обали све баналне наплаве. А ноћ даје сенке међу које могу да се умешам. У које могу да потонем. У којима је сан једина јава.
Таласи...

ОТАЦ И СИН, ОЧЕВИ И СИНОВИ

— Оче, какав ти је то ожиљак на челу? Јеси ли се посекао кад си био мали? Сећаш ли се шта се тада догодило? Да ли те још боли? А кад те пипнем?

Адам позна Еву, жену своју, а она затрудни и роди Кајина. И роди опет брата његова, Авеља. Кајин позна жену своју, а она затрудни и роди Еноха. Еноху се роди Гаидад, а Гаидад роди Малелеила. А Малелеило роди Матусала; а Матусал роди Ламаха... Отац роди сина. И тај син сина свога. А овај син поста отац своје деце; међу њима беху и два брата близанца. Један од ових синова, кад стаса, ожени се и доби сина. Овај, међутим, не имаше од рода порода, него, под старост, усвоји дивног дечака. Пасторак му би као рођени син... Синови одрастоше и постадоше очеви своје деце. Запати се и стаса нови сој синова: једни беху номади и пастири, други гудачи и свирачи, трећи вешти ковачи и дрводеље. Поживеше они дуго на земљи рађајући синове и кћери. Родитељи и деца. Очеви и синови. Погледаше се у очи: синовљевим очима познаше очи свог оца. Матере и кћери повукоше се у страну, а њихова срца беху пуна зебње и прсти њихови укочени на уснама...

И отац доби сина, догоди се то по ко зна који пут. Кад син ојача и кад разумеде шта је и како је на свету, сукоби се са својим оцем. Син и отац сукобише се. И не беше то по први пут. И пре њих двојице синови су оспоравали примат очевима, а очеви зрелост синовима. И устаде крв на крв, месо на месо; око на око, зуб на зуб. Отас и син изговарају страшне речи и сручују их један другом у лице. Њих двојица говоре као да замахују бодежима циљајући један другом право у срце... Ах, како су огорчени, љути; и како су несрећни... И не зна се ко више пати. Повређени су, изможђени. Рањени, као да су управо стигли из битке; као да су поражени у ратном окршају са силним, надмоћним непријатељем. Намрштени су. Ћуте, а чела им секу нове, дубоке боре. Мајке и кћери не могу да реше овај вечни спор...

Све док се чвор горчине и сукоба не олабави сам од себе. И одреши се, једног дана, нечујно. Отац остари. Син добије свог сина. Отац је сада деда, а син је нови, млади отац. Свог сина, који је тек проходао, отац води за руку. Топла, мека, дечија рука на грубом, храпавом, очинском длану. Отас и син, заједно, у шетњи. Још је далеко дан када ће се сукобити, када ће ратовати и када ће се чинити да мрзе један другог. Како је тешко преболети тај окршај. А сви пролазе кроз то. И сви побеђују очеве. Очеви који неће да признају пораз само се заваравају. Време ради за синове. Све док и син не добије свог сина. И док не схвати како се ствари понављају. Како су споре и нове и болне и исте. И лепе...

И Нојевим синовима, после потопа, родише се синови. Јафет имађаше седморицу синова, међу којима беху Магог, Јаван и Месах. Хамови синови беху: Хус и Месраин, Фуд и Ханан, њих четворица. Хус роди петорицу синова, а онда роди Неврода који први беше силан на земљи. А почетак његовог царства беше Вавилон... Немањини синови беху: Вукан, Стефан и Растко. Стефан Првовенчани роди Радослава, Владислава и Уроша. Урош роди Драгутина и Милутина. Драгутин роди Владислава кога с престола збаци стриц Милутин. Милутин роди Стефана и Константина, а Стефан Душана и Синишу. Тај Душан написа Законик, постаде цар и доби надимак Силни, а његов син Урош Нејаки наследи га, али се српско царство распаде и његова слава нестаде с лица земље...

И син, на крају, упита оца о ожиљку на челу, па доби овакав одговор:

– Да, сине. Посекао сам се на оштре, витке и бљештаве сабље времена. Био сам мањи од тебе када се то догодило. Свега се сећам. И још ме боли. Питао сам и ја свог оца. Имао је много жуљева и ожиљака. Твоја питања ме разнежују. А додир крепи. Тако је то, сине мој. Прича о очевима и синовима је вечна. Сукоб међу њима је страшан, али неминован. Они рађају, бране, освајају и оспоравају један другог. Све док не исцури вечност која им је додељена.

ЕКСЕРИ ПОД ХРИСТОВИМ НОКТИМА

Један слева. Један здесна. Један одозго, један одоздо. Ексери са све четири стране. Укљештен сам, убоден. Закован. Лево више не могу. Десно не могу. Горе – не. Остаје још: право и доле... Ексер у десном рамену остаје. Нови ексер у десни кук. Дубље, дубље, дубље... Копље у пршљен! Распршта се пршљен под копљем у парампарчад! Их, каква је то срча, петарда, искриште. Кад звизну у звездиште, их!... Стрела у срцу. Чивија у колену. Баскијаш под вито ребро. Усијану, челичну жицу кроз аорту. На врху сајле је светиљчица. Поред ње окце, чворић. Кад се то затегне кроз зглоб, мили брате, ништа више не питај.

Само право. И само доле. Још ниже, још. Напред, даље. Докле? Како? Зашто? Ништа не питај него вуци, тегли, цимај. Један корак – један бол. Корак – бол. Бол – корак. Корак – крик... Ћути! Зар још можеш да ћутиш? Могу. Несносна је ова унутрашња бука. Уништи ме мукли, залеђени вапај који нико не чује. Нико, сем мене. Урлам у себи. Ћутим. А урлам. Вриштим. Претварам се да сам нем, мутав, глув. Глумим. Лоше то радим. Као првак провинцијског аматерског позоришта. Кривим уста. Гризем усне. Језик скврчен око псовке. Зуби загризли клетву као зелену јабуку. Уједам сопствени језик. Уста пуна крви. Уста пуна отровних зуба. И речи које могу да убију. Само кад бих их пустио да покуљају. Да се стропоштају из мене. Да провале...

Иди, кажем себи. Иди, климај, гељај, тетурај. Али, иди. Изброј неколико корака. Седам, осам. Онда их остави на миру. Шта си се замислио? Да ниси нешто изгубио? Нити могу шта да смислим. Нити могу шта да нађем. Волео бих да размишљам. Али, како се то ради? Заборавио сам. Ваљда питаш нешто самог себе. Сећаш се? И онда, кобајаги, одговориш. То је као игра, просто. То потраје док су питања лака. Код оних тежих, разговор се кида. Нема мисли. Нема памети. Крај. Само корак, брате. Још само корак. Или два. Или неколико. Сваки пут почиње кораком. Царство за корак! Свако бројање са оним што је прво. Сваки дан је као кљуцање у кору јајета. Као залогај плаценте. Као трн светла. Као леденица која се с крова сјури у срце.

Корак је моја светиња. Док корачам бићу скоро човек. Само што је мој ход сачињен од оне чвршће грађе. Ретке, тврде, шиљате. Од ексера, брате. Ексер до ексера. Бол до бола. Корак по корак. Бол по бол. Убод по убод. Сад знам како је било Разапетом. Мене разапињу сваки божији дан. Толико пута бити разапет, то постаје смешно, досадно. Он је био разапет једанпут. Једном за свагда. Разумем сву дубину и све детаље његове патње на Крсту. Нешто није у реду кад се ове ствари непрестано понављају. Не знам шта, али осећам нови клинац у длану. Следећи у стопалу. Чавли свикло, спретно продиру кроз ткиво, мрве хрскавицу, ломе кост, пробијају куглу зглоба. Та бела, глатка, влажна сфера. И црн, гарав, грубоискован клинац. Склад је поремећен једном заувек. Та облина никада неће налећи у чашицу онако како треба. Бешумно, лако, хитро.

Ни трн нису заборавили. Ни усијану круну. Ни зарђалу косу. Тај обручац ми је тесан. Нитна гребе чело. Бодљикава жица уместо опасача. Утегнут сам као стари, похабани витез. Оклоп је потпуно демоде. Бодежи и шиљци се не виде споља. Они су само моја ствар. Чизме су већ пуне крви. Шпанске чизме. Српски калпаци и чекркли челенке. Нојево перје. Петлове кресте. Штитови од жеженог злата толико тешки да ничему не могу да послуже. Сечива секира, ободи дискоса одлично заоштрени и углачани. Тако добро разумем све свете мученике. Разумем их све. А мене, разуме ли ико мене?

ЧИТАЈУЋИ КИША И ХАМВАША

Некако смо свикли да се заваравамо да је наша прошлост, порекло, рођење, да је постанак врстâ, стварање света, да је све то разјашњено, решено, објашњено. А да је оно што треба да нас брине – будућност, неизвесна перспектива цивилизације и појединачно пропадање, старење и неминовна смрт сваке јединке, сваког човека посебно. Али, није тако. Ових дана, читајући Хамваша (Хиперионске есеје и роман *Наиме*) и Киша (*Мансарду,* прву његову књигу и *Складиште,* последњу), док напољу пљушти киша без краја и конца, а бела површина празног листа уноси ми се у лице, раздражује ме и срди и киша и неисписан, бео лист, без неке непосредне везе са текстовима које читам упоредо, час Киша, час Хамваша, мало *Складиште,* мало *Анатомију меланхолије,* одједном ми сине – да, заиста, ништа још није објашњено, да, у ствари, ништа није јасно. Као што се не зна куда ћемо, тако се још мање зна одакле смо. А онај ко не зна одакле је, нити куда је пошао, не може знати ни ко је. Једноставно – пустош и празнина нас је породила и иста таква бесна и црна празнина зјапи и чека да нас, поново, усиса у себе, у ништа. У Ништа. Нема ту никакве помоћи. Нема наде да ће се ишта променити. Ни Киш, ни Хамваш не пружају лажну наду. Пре ће бити да обојица раде, добро, да су радили на томе да разгоре све оне успаване и запретене сумње, да се бар пронађе корен и суштина људског бола који посвуда около ниче сличан некаквом опаком цвећу, цвећу зла и оног што на још горе изађе. Све што је човек смислио и урадио тако је мало, тако оскудно, препуно глупости и гада, да је једва вредно помена. Све што је учињено мала је утеха и слаб ослонац и сасвим незнатан разлог да човек може да се нада било чему. Велики усамљеници, силом отпадници, Киш и Хамваш, господари ироније, ипак не делују деструктивно, него, што је само привидно парадоксално – подстицајно, инспиративно. Њихов допринос огледа се и препознаје у личном примеру: какву снагу мора да има дух, одсечен од матице, кажњен без кривице, изопштен без греха и – до најбезначајније појединости свестан колосалности Бесмисла и Узалудности, коју Веру и Наду може имати Дух који и у таквим условима ради, размишља, ствара? Оставља трагове и знаке поред Пута. По цену да се за Дело никада не сазна, да буде одбачено, затрвено, заборављено. Радити још пет стотина година! Радити на причама које се преображавају у романе. Радити на огледима који су основ за нове Школе. Радити на списковима толико дугим да постају Енциклопедије. Именовати све ствари, уочити све појаве, дефинисати појмове и процесе. Повезати све што је неповезано. Освојити и усвојити знања. Похватати све идеје које као ноћни лептири лепршају у мраку, пре но што сагоре крилца на ватри лампе која их открива, привлачи и сагорева. И све то радити под оним страховитим оптерећењем, већ поменутим, да је све узалудно. Да се Киш и Хамваш нису одупрли тој Празнини, тој грози Ништавила, као што многи нису и небројени никад неће, да нам нису оставили своје поруке и завештања, било би много теже, било би неупоредиво теже. Да су они одустали, одустали би многи. Одустао бих и ја. А овако, следећи њихов пример, хитам свој белутак у језеро. Гледам кружне таласе како се шире и нестају. Посматрам слику која измиче пред корацима пролазника. Трун на стаклу наочара заклања ми видик, магла мути хоризонт. Зрнце праха, кап кише, лебди у простору без разлога, без циља. Без Смисла. Без ичега. Ништа...

Киша не јењава. Бели папир не успевам да попуним. Ништа није објашњено, али ипак...

21. мај 1995. год.
у Лучанима

ЛАМЕНТ НАД ЛАВАБООМ

Навике, дневни распоред, инерција, одсутност, мале радости, заборав, ступидна нада (да ће се нешто догодити и без мог учешћа, без знања, без предзнака), расејаност, сујеверје, лењост, глад (дубока, митска, мутна глад), беда (која се више не да сакрити, а и чему?), поспаност... (ко зна шта сам све заборавио да поменем? ко зна шта сам све прећутао? оно најбитније није стало ни у заграде)... Многе ствари (важне и неважне, видљиве и невидљиве, знане и незнане) спречавају ме да видим шта се заиста догађа, да се суочим са јасним знацима пропасти. Ништа више не ради како треба. Све је пукло. Људи су скренули и одшетали (читај у жаргону: полудели, помахнитали), са свих страна пљуште шамари (окрени други образ! потури чело! сагни грбачу!), списак увреда продужава се у бескрај (густо ишкрабан свитак дугачак је већ ... км и...м, испрекидан тек ту и тамо годиштима-насловима: 1991, 1992, 1993, 1994, 1995...), давно је заборављена дилема: ћутати или дрпати заједно са мафијом? (ја сам се определио да цоњам у својој логи-писарници-атељеу-ћелији), спавај или буди хуља? (не, хвала лепо, ја сам члан клуба сањаричара-наиваца), ко да памти и бележи све оне сцене у пекари, самоуслузи, испред синдикалног магацина, у банци, пред тв екраном, у читаоници народне библиотеке, на улици, на стадиону, ко да памти све те гадости? (боље је, а и лакше, заборавити)... (И, докле тако?)... Јер, када бисмо памтили сва понижења која смо већ претурили преко главе, када бисмо о/лако и хитро заборављали, о/давно бисмо почели да истребљујемо и да сатиремо једни друге на улици, по хаусторима и у подрумима. Све мање је ствари којима можемо/умемо да се обрадујемо. – Навике постају нови отрови. Обичаји и интимни ритуали преображавају се у право мучење. Све мање је дана у којима примећујемо светлост (јутро? шта то беше? свануло? зар је то могуће?!), а о подневу, companyподневу, companyпodневу... нека иде... (о подневу, companyпοdнеу... а о подневу, зениту и сл. и да не говоримо (наше доба је – непрекидни сумрак, мутан, непрозиран, и мук, глувило, глухота-грехота која настаје после страхотног зева-крика), исклизнуће с ума и сваковрсно посртање тако је обично (ко иде усправно и право, тај је нитков, добро се скрива или нешто одвратно спрема), измучени (измождени, без трунке мозга, измузени, испијени, без капи крви у образима), отупели (тупи, излапели, испражњени), начетог (нагриженог, растуреног) здравља, као испребијани, измлаћени, изломљени, самлевени... Шта да ти причам? Све је отишло у три... (није за штампу), па нека иде... (самоцензурисано), као и... (нечитко, а можда бих могао да прочитам кад бих хтео), али, кад смо већ ти, да ти ја нешто кажем... (вулгарно), и још нешто... (чиста порнографија), нећу више да ћутим... (из књиге *Црвен бан* В. Ст. Караџића), чему живот кад... (део текста уништио рачунарски „вирус"; јесте, кад би се завитлавали), другим речима... (прецртано руком уредника), просто речено... (види Речник жаргона Д. Андрића), а нема сврхе јер... (изгорело од једа), нити може бити... (састругано са пергамента), и да ли видите... (словослагач одбио да сложи најсочнији део тираде), и на крају крајева... (исповраћано), неће мени више нико по-

повати... (шифровано, прекрижено, закрмачено),... па и да сам у праву... (глупаво, кретенски),... (сулудо, блесаво),... (непотребно)... бесмислено, невероватно, фантастично, да се запрепастиш, да се ишчуђаваш, да плачеш, даље отцепљено, нахерено, неподношљиво...

априла 1995. год.

ДРУГИ ТАЛАС

СРЕЋНО ДОБА

Детињство је доба у коме је новорођено, младо биће у потпуном сагласју са Светом. Тек када се појави проблем идентитета и када се дете суочи са својим именом и својом личношћу, долази до још једног *рођења* и до коначног одвајања од природе. То друго рођење оставља трајне последице на развој детета. Сукоб с природним силама тада започет продужиће се до краја живота и водиће се непрестано, бурно и са затишјима, све док борба потпуно не исцрпи онога ко је предодређен да изгуби.

У детињству чула су најосетљивија, па је зато све што се доживи најинтензивније, најчудније, најлепше. Дани су пуни светлости. Лета пуна бљеска. Сунце тако јарко грије и зрачи да очи боле од бљештавила. Такође, и звуци, мириси, укуси, додири, све што се може доживети, све је појачано скоро до бола... Све је тако велико – куће, људи, дрвеће, ливада... Небо је тако плаво као, као море! Мада право море још дуго нећемо видети... Време је бескрајно дуго. Један дан траје колико месец дана у свету одраслих. Бића описана у бајкама и народним причама крећу се дечијим светом као да је то потпуно обична ствар. Деца разумеју немушти језик биљака и животиња. Толико пута разговарао сам с кућним мачком, с петлом, с потоком или с поветарцем, кога сам, наравно, знао под именом Ветропир. Сићи у подземље мрављег замка, па то свако може! Поиграти се у пужевој кућици или у каљузи са кишним глистама, ништа лепше од тога!...

Лапонци имају тридесет и седам разних речи за снег. Тибетанци четрдесет појмова за кишу и још седамнаест за маглу... Никада нисам бројао, али убеђен сам да Срби имају исто толико ако не и више речи и појмова за – светло! Јер, да није тако онда никако не бисмо могли довољно убедљиво да опишемо своја станишта, пределе у којима боравимо и безбројне легенде у којима смо водили рат са силама пристиглим из Подземља. Да увек немам при руци речи – јутро, зора, свитање, уранак, праскозорје, данак, даниште, зорњача, раздање, грануће, свануће, освитак, огранак, развиће, расвитак, расвит, прозорице, прозорје, озарје, светилник, просинути, гранути, зарити се, светлило, светлина, одсев, видело, виделица и друге, ништа мање лепе, не бих могао да насликам своје детињство у правим бојама, оним јарким, јасним, чистим, од којих само на тренутак очи заболе, док се не привикну на толики бљесак, на раскош и сјај!

Речи

Основне речи мог детињства биле су везане за школу и све што се у њој и око ње дешавало. Моји су родитељи, наиме, били учитељи у једној малој, сеоској школи, па и најранија моја сећања садрже увек понешто од те познате школске атмосфере и амбијента испуњеног дечијом грајом. Које би се речи најчешће чуле? Вероватно неке од следећих:

– школа, ђаци, учитељ, учитељица;
– књига, свеска, оловка;
– клупа, табла, креда, сунђер;
– школско звонце, одмор, двориште;

– јабука насред школског дворишта;
– очеве новине, наочари, дуван и шиба;
– књижница, тек један орман испуњен књигама;
– велика просторија подељена шпанским зидом на две учионице;
– час фискултуре у школском дворишту;
– јелечкиње, барјачкиње, кога ћете?!...

Страхови

Не, ничега се нисам плашио. Више пута су без успеха покушавали да ме науче страху. Мрак! Зар се не плашиш мрака? Не. Погледај горе, таван је пун таме из које вребају зле очи. Ништа. Кад се угаси сијалица, кроз онај четвртасти отвор на таваници излиће се сво мастило мрака и потопиће собу... Не, ништа... Једноставно, страховање се морало научити као што се уче многе друге ствари у детињству. Касније, почео сам и ја да се плашим, као и сви остали. Мада ми се увек чинило да мој страх није довољно велики, нити убедљив. Зато ми је тешко да се сетим правих својих страхова из детињства:

– људи из села о којима су се испредале легенде (Милован с брадом, Новит, Марко дрвосеча, Ђедо с Брега, Ђапа сеоски ковач, Винка из Шума);
– грмљавина, летња олуја, варнице из штекера;
– очев гнев, провала очевог гнева увек би ме затекла неспремног, његов глас био је сличан лављој рици;
– долазак воза у станицу, тако изненадан, тако страшан! парни возови су производили невероватну буку, а нарочито су били бучни и застрашујући возови које су звали „убрзани"! они су ме излуђивали;
– неколико пута уплашио сам се да ћу залутати, у шуми или у граду; брат је одмицао испред ме-

не уском шумском стазом, а ја сам једнако заостајао и понављао – залутаћемо! залутаћемо!;

– уплашио сам се да ћу бити остављен, да ће ме заборавити у возу, у биоскопу, код рођака;

– једног летњег јутра кућна змија измилела је из школског темеља;

– чуо сам да цикавци живе по јаругама густо зараслим у шибље и павитину; један другар је покушао да ме заплаши помињући цикавца и показујући место на коме борави; увек сам журио да туда што брже промакнем;

– гробље дању није изгледало страшно; ноћу тамо нисам залазио, а пошто су сви били млади и здрави, нико у мом детињству није умирао;

– учили су ме да се плашим црвеног петла, краља кокошињца и убице домаћих мишева, али није ми полазило за руком.

Звуци

Основни тон у мом детињству чинила је граја дечијих гласова у школском дворишту. Присећам се и других звукова:

– школско звоно у рукама послужитеља Страјина;

– чаврљање врабаца џивџана под стрехом;

– песма зрикаваца у летњој трави;

– читав хор жаба, крекет који одјекује у ноћи, са баруштина дуж Бјелице;

– пуцкетање дрва у ватри! ко није чуо ту музику не може ни да претпостави какав концерт само може да приреди сирова цепаница убачена у ватру; о томе сам се неколико пута спремао да пишем; поново одлажем бележење за неку другу прилику; игра светла и звукова са огњишта или из шпорета, била је врло дуго људима једина забава

у дугим вечерима и још дужим ноћима; поред ватре седело се и причало до дубоко у ноћ, а увек би се нашао неко чија се машта разиграла, разлетела, распалила;
— дедина окарина; музика с радија;
— очев смех као низ експлозија;
— песма ратара у летње предвечерје...

Мириси

Можда бих многе ствари из детињства и заборавио да нису имале особене мирисе? Често је довољно да се однекуд појави мирис, па да буде покренут талас присећања на догађаје и личности из детињства. Које мирисе да изаберем?
— Мајка пече хлеб — цела кућа мирише!
— прсти мог оца миришу на дуван;
— покошена трава, „умрлих трава душе", све док се не претвори у сено;
— мирис млека које ври на шпорету;
— сеоски мириси: амбар, млекар, штала;
— добро олајисана учионица;
— мирис бензина кад неко возило прође путем поред школе;
— мириси туђих кућа, одбојни, чудни;
— очево ново одело — нафталин;
— мед у стакленој тегли, медено саће, восак;
— чисто рубље, чиста постељина, сапун, „вешплав", штирак;
— мирис летње кише, мирис кишнице у лонцу потуреном под олук...

*

Свакоме се чини да је проживео јединствено и непоновљиво детињство. Тако сам и ја убеђен да је и моје детиње доба садржало ствари тако важне и драгоцене да би било права штета да нестану, да падну у заборав. Сваку згодну прилику користим да поново потражим по свом сећању, да још једном проверим – шта ли је то тако лепо, сјајно, лако и важно било баш у мом детињству. Које зрнце, каква семенка? Нека сенка, зрели плод или белутак? Који лик – мати, отац? Можда несташлук? Или сан? Нешто што ми се указало као фантастичан догађај, а било је, можда, само пролећно јутро са расцветалим шљивама?... Још не знам. Још сам далеко од тога да откријем и да опишем најважније догађаје и призоре свог детињства. Оно се простире свуда около, као бескрајна, блага светлост.

ПРИЧА О САТОВИМА

Испричаћу вам једну кратку причу о сатовима.

Сваки сат, у свом механичком језгру, има непогрешиво забележену, не само идеју о мерењу времена, него и сажету слику света у тренутку склапања справе. Прецизно урађени зупчаници уклапају се једни у друге са невероватном тачношћу. Механика која се тиме бави носи срећно изабрано име – *фина* (или прецизна) *механика*. Многи битни делови сата тако су мали да се једва виде голим оком. Неки модели, већ застарели, имају сијасет фантастичних и драгоцених детаља:

– *опруге* које пулсирају а нису дебље од власи косе,

– *шеталице* сличне кошчицама у уху какве ноћне птице,

– највећи *зупчаник* мањи је од најмањег златног новчића,

– *рубини-ослонци* осовиница жмиркају као очи златних рибица...

И све то подсећа на „заборављени садржај пужа". На унутрашњост шкољке која памти/понавља шум океана.

Но, како је време „одмицало", часовници су усавршавани. Тачност њиховог рада повећавана је, иако су они претходни, дивни примерци ручног рада, џепни сатови отправника возова, златни сатови-поклони најбољим ђацима и питомцима војних академија, првих у класи, били свакако довољно тачни. Прецизност израде сатова нових и најновијих генерација досегла је ниво праве уметности. Јер, мерити време, то значи непрекидно размишљати о свету, о смислу, о свемиру...

На путу ка идеалној тачности, коју су неки људи, ваљда научници, надутих образа већ називали – атомском тачношћу, спроведена је једна револуција. Механички часовници замењени су електронским! Часовничари, та времешна господа, шампиони света у стрпљењу, сатима наднесени над никлованим делићима као деца над својим расклопљеним играчкама, са обавезним црним „једногледом" на оку, полако губе углед и своје старе муштерије. Заузети су понижавајућим послом замене батерија у електронским сатовима. А ти нови сатови, лаки и нечујни, често претерано нашарани и накићени попут лицитарских колача купљених на неком сеоском панађуру, уколико се покваре – не поправљају се више. Него, једноставно, заврше на ђубришту. Заједно са конзервама Coca-Cole и осталим отпацима. Нико више „нема времена" ни нерава да завирује у ћутљиве утробе начичкане црним тачкама силиконских чипова.

Ипак, та моја љубав према сатовима – потпуно чиста, „платонска", јер не осећам потребу да сат носим са собом, на руци или у џепу, своју наклоност исказујем са дистанце – показала се као једна од ретких константи у мом животу. Волим да будем тачан. Добро знам када касним. Увек гледам да стигнем на време. Не због других. Због себе...

Био сам веома срећан када сам, после периода посвећеног изучавању сатова, поново успео да нађем частан и бескрајно занимљив посао. Посветио сам се послу цртања и писања. Или, тачније:

писању, под један и
цртању, под два.

Сваки знак који испишем или нацртам носи у себи, у центру, у суштини, сву радост сазнања и разумевања ствари. Смисла! Свако слово. Свака реч. Или – слика. Сваки текст или циклус колажа. Свака књига или изложба – представља мој лични отпор бесмислу и забораву. Моје супротстављање сутону и ноћи. Моје немирење са сумраком.

Свака реч коју допишем у овој реченици, сваки пасус у овом тексту, свака прича у књигама које пишем, нови је егземплар у бескрајној збирци коју обогаћујем сваком својом мишљу која се преобрази у реч, која склизне у реченицу. Моја колекција садржи можда већ сад – милион речи! И неколико милиона знакова! Није ли много? Није ли то мало?! Колико би било довољно?...

Исписивати све те знаке! Какав је то посао. Заносан, огроман. Послу никад краја. Још само једну реч... Још само једно с....

НОВИ КРАЈ ПРИЧЕ „ЉУБАВНИЦИ ЛЕДИ ЧЕТЕРЛИ"

Последња реченица гласила је: „Ова прича могла је да буде много боља. А тек крај..."* Избацио сам цео пасус пре ње и, децембра 1995. године, написао нови крај који гласи овако:

У пролеће, на осунчаном градском тргу, мој друг и ја читали смо Попине песме. Свако је напамет научио песму која му се највише свиђала. Ја сам декламовао „Гвоздену јабуку":

– Где ми је мир? Непробојни мир! Гвоздена јабука теме ми је стаблом пробила. Глођем га, вилице сам оглодао.

Мој најбољи друг рецитовао је „Одјекивање":

– Празна соба стане да режи. Увучем се у своју кожу. Таваница стане да скичи. Хитнем јој једну кост...

Ја бих наставио даље:

– Лишћем ме оковала. Брстим га. Усне сам обрстио.

А он:

– Углови стану да кевћу. И њима хитнем по једну кост...

Опет ја:

– Гранама ме спутала. Ломим их, прсте сам поломио...

---
* Види поменуту причу у књизи *Пут у Вавилон*, Просвета, Београд, 1992. год – Оп. аут.

Па он:

– Под стане да завија. Хитнем и њему једну кост.

– Где ми је мир? Гвозденој јабуци да буде прва рђа и последња јесен.

– И други и трећи и четврти зид стане да лаје. Хитнем сваком по једну кост?

– Где ми је, где ми је мир?!

– Празна соба стане да урла!...

Чинило ми се да је његова песма лепша. А њему да је моја узбудљивија, дубља. Мучио сам се да научим „Гвоздену јабуку", а он је већ знао и „Путовање", и „Кестен", и „Белутак" и целу „Далеко у нама". Направио сам папирне смотуљке на којима сам исписао „На столу", „У забораву", „Коњ" и „Маслачак", не бих ли их што пре научио. Док је он грмео и гласно изговарао Попине стихове док смо путовали у школу расклиматаним и хладним „Ракетиним" аутобусом, ја сам завиривао у своје *пушкице* и замуцкивао. Радо сам му признао да је бољи рецитатор док смо седели у посластичарници „Опатија" зурећи у празне зделе за сутлијаш.

Проналазили смо сијасет повода да цитирамо Попине стихове. У крчми „Код ере" нешто из циклуса „Предели". На клупи у Малом парку – „Кестен". А лежећи на ливади на Доварју – „Коњ". Ходајући Улицом Маршала Тита:

– Путујем! И друм такође путује...

Кад побегнемо с часа:

– Нисам више ту. С места се нисам померио. Али, ту више нисам...

Постепено су цитати из Лоркиних песама, по неки Хемингвејев пасус, али највише Попа, постали тајни језик банде *Љубавника. Ратници,* који су се и даље бавили својим бицепсима и трицепсима, нису ништа разумевали. Попа није био у школској лектири а за Неруду, Тагору и Лорку наши школски другови још не беху чули. И онако, наше дружење ближило се крају. Завршили смо средњу школу и свако је пошао својим путем.

Понекад се питам како ли она сада изгледа... Како ко?! Па, Мерима, наравно! Да ли је и сада лепа као онда, пре четврт века, када смо сви били заљубљени у њу?... Екскурзија кроз Југославију 1968. године... Конкурс „Најбоље песме" у локалном листу *Вести*... Часови фискултуре код соколане, пролећни крос на Јеловој Гори... Има још много догађаја и ликова којих се сада присећам с јаком дозом носталгије... И чујем гласове који одјекују на пустом тргу Партизана:

– Где ми је мир? Где ми је, где ми је мир?!...
– Нисам више ту! С места се нисам померио! Али, ту више нисам!...

НОВЕ МАПЕ ОСТРВА С БЛАГОМ

Распредам замршене нити дневника узорног читаоца, шта је читао, где, кад, у којој прилици – јашући на коњу од Горње Добриње до Пожеге, на скромном бивaку у планинама Албаније, у рову на Солунском фронту, затим, како је прибављао књиге за своју библиотеку, како је сакупљао пренумеранте за нова издања Српске књижевне задруге и Српског књижевног гласника, како је, заједно са мајстором-књиговесцем увезивао часописе и коричио их по годиштима, како је у заглављу насловне стране отискивао свој скромни Ex libris, а на последњој маргини датум када је књигу читао (први пут, други пут...), како је својим кићастим рукописом састављао Р Е Г И С Т А Р с мноштвом допуна, упутстава и фус-нота које су читаоца упућивале где се и шта још може наћи у његовој књижници, затим где се налази литература о темама које су га нарочито интересовале (о Бран. Петронијевићу осам јединица, о Ксенији Атанасијевић 32 ј, Општа историја, Историја Срба, Филологија и историја књижевности, Позоришна дела, Песништво, Лепа књижевност, о Балканском рату, о Великом светском рату итд), замишљам га како чита под јабуком у школском дворишту, како по подне, уз чај, чита, наглас, својој жени, пробрана, најлепша места, запажена и одабрана у јутарњем и поподневном читању...

Пренем се, ето ме како зурим у полице претрпане књигама. Никако да дође на ред сређивање

MAP OF OUR TRESURE

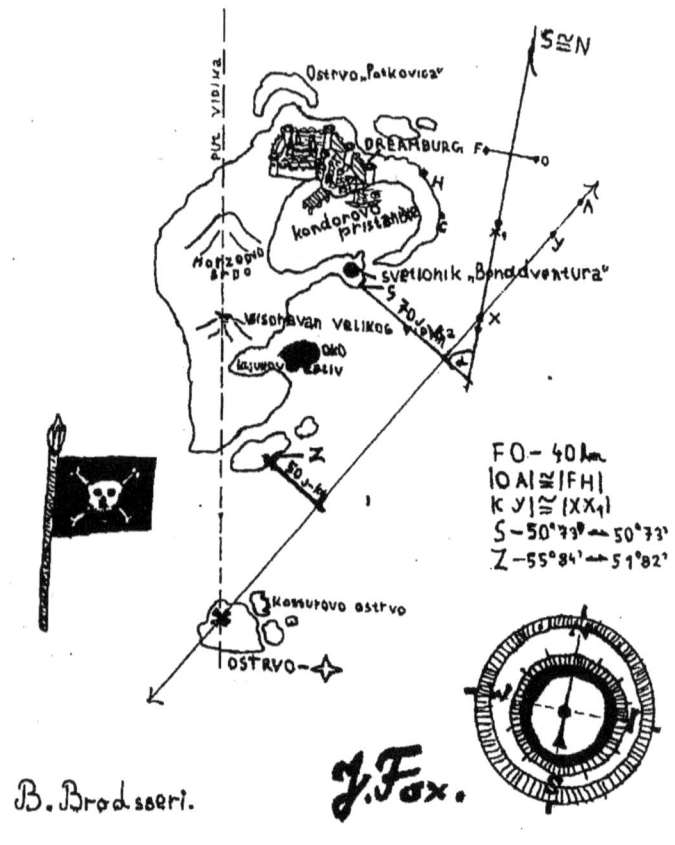

Ostrvo je ovako nazvano po starom gusarskom zlatu koje leži negde na njemu samom ili na OSTRVIMA "VELIKOG LAVIRINTA". Ovaj dokument je sastavio sam Isidor Boerle, zahvaljujći činjenicama koje nećemo pominjati. Dobar momak kao on neće uzeti ovo zlato (razrešivši slučaj, ono njemu pripada), već je širom sveta razaslao ovakve dokumente - ko je najsnalažljiviji, dočiće do blaga (naravno uz to da veruje u ovo). Ostrvo pak leži (moramo vas razočarati) na dnu mora, i to na 132° geog. dužine i 17° geog. širine.

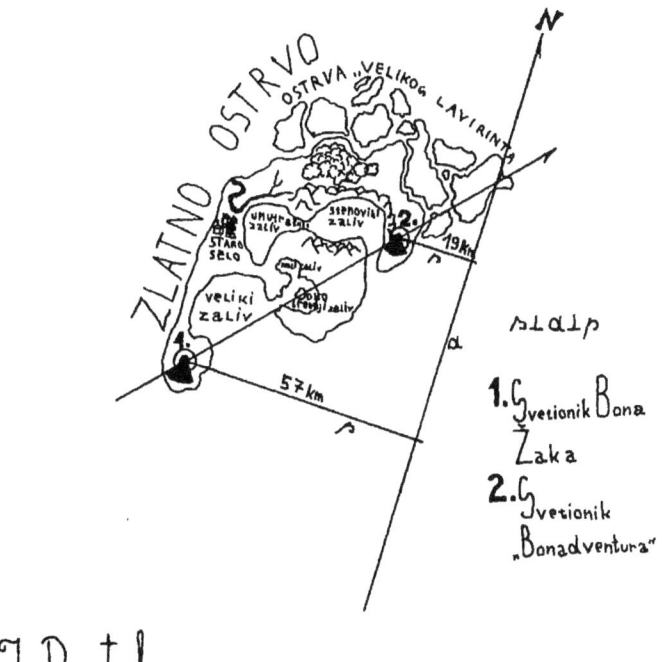

1. Svetionik Bona Žaka
2. Svetionik "Bonadventura"

J. Boerle

библиотеке. Књиге су засуте белом скрамом фине прашине. Ако их померим с места, дићи ће се бели облаци, разлетеће се на све стране стихови, речи, мисли, затрпаће собу. И ништа више нећу умети да пронађем. Прекрштених руку на грудима, прста на наусници, стојим насред собе као што је чинио отац када дубоко размишља:

– Овде има нешто паметно! Али шта, шта?...

Душа чита путописе који, у наставцима, излазе у „Базару". Мадагаскар, Шри Ланка, Јапан, Мексико, Перу, Аргентина. Сан Марино, Португал, Норвершка... Њене мисли лутају, пловe далеко, далеко. Тако убедљиво прича о ономе што је прочитала, као да је заиста путовала, као да је била тамо, у Далеком Свету... Каткад, прихвати се модних часописа који стоје одложени на поveликој гомили, у углу. Burda moden, Carina, Amica, Elle, Verena, Gioia. Кућа стил. Одложи цигарету на ивицу пиксле, ту је и врела кафа која се пуши у шољици. Листа, листа дуго...

– Не могу да се сетим једне хаљине...

Ема пише писма другарицама. Њихове адресе проналази и пажљиво одабира у рубрици ПОЗНАНСТВА свог омиљеног часописа за тинејџере. Ускоро, почињу да јој пристижу шарени коверти, слични онима које и сама прави и шаље. У набубрелој фасцикли љубоморно чува преписку са девојчицама са којима се можда никада неће срести.

– Имам тако много пријатеља. Само што живе у удаљеним местима, у градовима које је тешко пронаћи на географској карти. Далеки моји пријатељи!...

Урош црта све нове и нове мапе острва с благом. Никако није сасвим задовољан својим цртежима. Нешто се негде не уклапа, али шта? На најновијем цртежу острво испада сасвим непроходно.

До блага које је тамо закопано нико, сем врха његове оловке, неће доспети.

– Како год да га капетан Флинт вешто сакрије, увек га ја први пронађем!...

– Саставићу антологију идеалног читаоца. Пронаћи ћу све приче које је он највише волео... Али, ко је тај савршени читалац, ко је он? Могу ли то бити и ја?! Могу ли да прочитам, савршено, оно што сам написао и објавио? Могу ли да прихватим оно што препоручујем и натурам својим читаоцима?...

– Све те боје, префињене нијансе, све их чувам у свом оку. Сви ти облици, једноставни и складни, остају ми у мислима. Толико пута сањам тканине дивних боја. Свилу и кадифу у коју су биле обучене српске принцезе. Накит и везене детаље, велове које је могла да има једино вила из народне песме. Знам тканине овлаш, нежно осликане које као ваздух належу на нежну кожу. Била би то најлепша модна ревија на свету. Могла бих то да урадим... Али, где, кад, за кога?...

– Добар дан, пријатељице! Поздрављам те из далека. Хеј, да ли ме чујеш?... Овде је тако тихо. Напољу магла легла на снег. Бело на белом... Слушам музику с радија. Пишем ти писмо. Исти текст преводим на енглески, онако, ради вежбе... Хеј, другарице моја, да ли ме чујеш?...

– Главно благо лежи овде! – Урош већ стоји на атолу који је измислио и уцртао на нову мапу само часак раније; осврће се, осматра околиш. – Ова скривница је врло богата, пуна најређих драгуља, злата, слика и књига... Овде, где уцртам знак „X", ту је оно највредније. Узећу, у први мах, само неколико комада. Мами мараму везену златом, сестри бисерну огрлицу, оцу лулу од ћилибара. Вратићу се касније, када ми понестане ситниша за видео-игрице!...

УРОШЕВА ПРИЧА
„ПРОДАВАЦ ШКОЉКИ"

„Улична врева. Вичући гласно продавци дозивају купце, хвале своју робу, надвикују се, шале, певају. Један обичан човек, трговац међу трговцима, одмах ту, иза угла, држи продавницу шкољки. На полицама и у витринама пажљиво је распоредио најлепше шкољке из далеких, топлих мора. Има и ону врсту из које се чује шум океана. Има и разнобојне корале и бисере величине птичијег јајета. Иако се и он упорно надвикује са суседима из продавница зачина, асура, земички са сусамом, сламнатих шешира, папагаја и колача, посао му не иде нарочито добро.

Једнога дана у продавницу шкољки уђе један обичан човек, купац међу толиким купцима. Док је дошљак разгледао изложене комаде, некако одсутно, расејано додирујући неке од њих, трговац му се обрати:

– Ако између свих ових шкољки избереш ону праву, она ће ти донети срећу.

Купац се прену, неколико тренутака збуњено је зурио у продавца покушавајући да схвати шта је овај трен-два раније рекао. Онда купи једну шкољку. Ону која му се случајно нашла под руком.

Сутрадан, у сумрак, пред само затварање базара, исти човек дође, продавац му понови своју реченицу, а купац поново купи једну шкољку. Следећег дана понови се исто. А у данима и недељама које су следиле понављала се иста ствар: продавац је изговарао чаробну реченицу, а купац је куповао увек само по једну једину шкољку, ни малу, ни велику, ни скупу, ни јефтину, ни лепу, ни ружну. А затим је журно напуштао скромни дућан, у нади да је, најзад, пронашао своју срећу. Сутрадан, када би се купац поново појавио пред полупразним излогом са шкољкама, било је јасно да још није успео, да му шкољке још нису помогле у потрази за срећом у животу."

Урошев крај приче: „Једнога дана купац не могаде да уђе у дућан. На вратима је затекао натпис: ЗАТВОРЕНО. Пошто је продао и последњу шкољку, продавац је затворио своју радњу и одселио се из града. Док је стајао пред замандаљеним вратима купац дође на одличну идеју да отвори своју сопствену продавницу шкољки! И онако није знао шта да ради са силним шкољкама које је у последње време нагомилао у свом стану... И тако он пронађе своју срећу!"

Други крај исте приче:

– Како ћу научити да препознам своју шкољку, ону која ће ми донети срећу?

– Када отворених очију и ушију кренеш у свет и када схватиш шта је живот, биће сасвим свеједно коју шкољку ћеш купити. Било која од њих може ти донети срећу. Можда ће то бити баш она која остане последња у дућану. Зато је потребно бити упоран, јер никад се не зна која лекција ће ти објаснити све о срећи.

Трећи крај приче о продавцу шкољки:

– Тата, дај ми један лист папира – рече Урош. – Хоћу да напишем причу.

– Какву причу?

– Причу о продавцу шкољки.

Оставши без речи пружих му одмах један лист који се затекао на писаћем столу... После неколико дана упитах Уроша шта је са оном причом. Он ми је онда испричао (отприлике онако како сам је ја испричао вама, користећи своје белешке), додавши да га је прошла воља да причу сам забележи. Једном приликом смо, заједно, радили на овој причи. Прекуцани примерак послали смо редакцији дечијег часописа. Сумњам да је објављена; да јесте неко би је прочитао и упозорио нас да је потражимо. Претпостављам да уредник није поверовао да такву причу може да напише дечак од једанаест година.

Четврти крај:

По свему ова прича подсећа на оне из 1001 ноћи. Пре извесног времена написао сам приповетку „Хиљаду и једна прича" служећи се литературом о поменутом зборнику источњачких бајки. Прича „Продавац шкољки" могла би да уђе у то књижевно дело, јер поседује препознатљиву атмосферу фантастичних повести и, што је важније и чудније, има и једну особину до које необично много држим – језгровитост и цикличност. Кратка је, сведена. А на свом крају има нови почетак. Округла је. Савршена. А није завршена...

Хоћеш ли да ти причу „Продавац шкољки" причам из почетка? Добро. Улична врева. Надвикујући се међу собом, продавци дозивају купце, хвале своју робу, сипају шале, певају, смеју се...

Било који крај:

Нови продавац распоређује у дућану своју збирку шкољки. Изнад излога он поставља нову фирму исписану лепим, крупним словима:

BONA FORTUNA

9. јануар 1995. године

ТРЕЋИ ТАЛАС

УЗДРЖАВАЊЕ

Да не бих за собом оставио превише трага – уздржавам се. Ћутим. Зурим у једну тачку. Укључим ТВ. Гледам фудбалску утакмицу. Пратим кретање лопте. Опуштено. Без мисли. Појма немам ко игра. Само гледам како се лопта котрља по трави. Када се пренос заврши, утишам тон и наставим да гледам лица која се сваки час смењују. Слике. Призори. Без мисли. Опуштено. Млитаво. Све док се екран не испразни и засија белом светлошћу. Онда одем до кревета. Стропоштам се. Постеља већ има облик мога тела. Склизнем у тај меки, топли калуп. Лежим и ћутим. Без мисли. Повремено гледам у мрак. Дишем. Ослушкујем своје дисање. Чујем откуцаје властитог срца. Куца, заиста још куца. Бројим откуцаје. Око деведесет у минуту. Колико ће се још пута моје срце стегнути? До бола. Испразнити. Па напунити. Растегнути, напети. Опет, до бола. Да прими у себе. Да истисне из себе...

Тако могу врло дуго. Данима. Недељама. Бришем трагове. У ствари, уздржавам се од производње било каквих трагова. То чиним намерно. С предумишљајем... Зашто? Зашто то чиним?... Просто зато да не бих иза себе оставио превише смушених, непотребних трагова. Превише текста. Превише шкарта. Ђубрета. Екскремената. Боље ћутати него просипати своје смеће свуда унаоколо. Када би се и други уздржавали онолико колико ја, овај свет би био подношљивији. Чистији. Светији. И много, много једноставнији...

Деси се, понекад, ноћу, у глуво доба, провали нешто из мене. Неке мисли, куљну, прађакну се. Отму се изван контроле. Навале да ме засењују, да ме плаше. Крену да ме дрмају, да ме тресу и запљускују... Заборавим се. Препустим се тим дивним валовима. Те реченице, које нико није чуо, најбоље су од свега што сам до сада написао. Боље од свега што сам икада заустио. Те реченице, које заборавим до јутра, које нестану у празном, црном сну, највредније су ствари које сам икада имао на уму...

И онда схватим да сам заиста у праву. Да треба још боље да се уздржавам. Да нипошто не приносим жртве ноћној тишини. Да све оставим за касније, за неко повољније, лепше време. Да сачекам доба које ће умети да ме разуме. И да тек онда пустим моје думе с ланца. Да их откачим с клина. Нека крешу. Нека грме!...

А сада, сада ваља ћутати. Дошао је час чаме. Ћути и трпи. Чекај да сване.

ВИРУС ЗАБОРАВА

Пишући на својој старој, ислуженој машини за писање, купљеној пре тридесетак година на кредит у шест рата, маштам о компјутеру, тој моћној машини која би могла да ми омогући много лакши и много бржи рад. Машина би памтила сву ону силесију фрагмената од којих се моја проза најчешће састоји. Рад на композицији дела био би неупоредиво лакши и ефикаснији уз помоћ компјутера. Уз то корекције на сваком фрагменту појединачно биле би спроведене „по кратком поступку", више пута, онолико пута колико је неопходно, без претераног замора, без панике. Необично много занима ме и посао на уређењу текста, прелому, графичком дизајну. Сваки текст, ма колико кратак био, мора имати и одговарајућу графичку обраду, а то је, уз помоћ компјутера, права песма.

Сањам и о другим стварима, јер ми осим пустог сна ништа друго не преостаје. Сањам, на пример, о тренутку када ћу, притиском на дугме, моћи да уђем у картотеку Народне библиотеке Србије, када ћу, лако и брзо, моћи да излистам Регистар и Библиографију свих писаца и њихових дела. Савршен преглед и слободан приступ подацима и делима из домаће и светске књижевности и уметности довешће нас до невероватних идеја и до нових, фантастичних дела. Биће могуће креирање нових антологија, невероватно обимних и обухватних. Истраживања и послови за које је било потребно десет година, биће завршени за десет дана...

Ипак. Некако сам сентиментално везан за књигу у њеном класичном облику – са тврдим корицама, омотом у три боје, насловном страном као ликовним делом, клапнама, хрбатом-рикном итд, итд. У прелазном периоду читалац ће моћи да бира: жели ли компактдиск (CD) или књигу која ће, специјално за њега, одмах, на пулту библиотеке – бити одштампана!

На крају крајева, хтели ми то или не, у некој будућности, ближој или даљој, све књиге биће „преписане" и смештене у моћну меморију Централног државног рачунара (CDR). А онда ће неки генијални хакер, агент CIA, верски фанатик, душевни болесник, члан Клуба „300" или неко потпуно анониман, смислити ВИРУС ЗАБОРАВА, који ће избрисати све. Траке и дискови зјапиће празни и неми. У то доба књиге од хратије и картона већ ће давно бити труле и неупотребљиве, одвучене на светску депонију и спаљене на 451° F... Тако ће људи моћи И МОРАТИ још једном да почну из почетка. По ко зна који пут. Од нуле. Ни из чега.

– Дајем вам заборав! – вриштаће онај луди научник. – Да можете да створите нови, врли свет! Да можете да будете људи!

Искрено се надам да баш овако неће бити. Нека је ова слика само још једна моја лоша визија. Слутња ствари. Хип пре буђења из страшног сна. Рекох и ставих тачку. Нисам сигуран да се на овај начин може спасити душа. Можда и може. Вреди покушати.

ЈЕДНОМИНУТНИ БОГАТАШИ

Слушам како одзвања празнина у оставама, магацинима, складиштима... Зврје празна стоваришта, луке без бродова, шлепери плутају лаки као орахове љуске. У потпалубљу одзвањају цокуле изгладнелих, распојасаних, прљавих морнара. Њихове гладне очи бљеште из мрака. Језа ме хвата од тих лудачких погледа. И смеха, који им се зауставља у грлу...

Гледам како се празне полице, претинци, долапи, шкриње, кофери, ташне, кесе. У кутији за хлеб само скореле мрве и по који залутали мрав... Празне се собе, ходници, одаје, дворане пуне сенки и паучине... Празне куће, утуљена огњишта. Прозирне, спљоштене сподобе промичу тамном страном улице... Празних цепова, празна срца, лак као перо, лелујам из окна застртог старим новинама. Веома сличан пламичку који догорева у истопљеном свећњаку и само што се не угаси...

Празну кашику приносим празним устима. Под сувим непцима, сувљим од барута, скорела се по која ружна реч. По који животињски крик. Срце пуно камичака који смрде на ватру. У венама нема крви, него само песка и неког гадног смрдљивог муља... Желудац, одрпана дуванкеса, набијен паучином, трицама и андрмољима...

Хвата ме страва пред празним новчаником. Мој буђелар дословно је пун буђи. Нигде једног цвоњка. Нема ни цекина на видику. А видик сужен колико једна осредња пиксла, добро набијена пикав-

Ипак. Некако сам сентиментално везан за књигу у њеном класичном облику – са тврдим корицама, омотом у три боје, насловном страном као ликовним делом, клапнама, хрбатом-рикном итд, итд. У прелазном периоду читалац ће моћи да бира: жели ли компактдиск (CD) или књигу која ће, специјално за њега, одмах, на пулту библиотеке – бити одштампана!

На крају крајева, хтели ми то или не, у некој будућности, ближој или даљој, све књиге биће „преписане" и смештене у моћну меморију Централног државног рачунара (CDR). А онда ће неки генијални хакер, агент CIA, верски фанатик, душевни болесник, члан Клуба „300" или неко потпуно анониман, смислити ВИРУС ЗАБОРАВА, који ће избрисати све. Траке и дискови зјапиће празни и неми. У то доба књиге од хратије и картона већ ће давно бити труле и неупотребљиве, одвучене на светску депонију и спаљене на 451° F... Тако ће људи моћи И МОРАТИ још једном да почну из почетка. По ко зна који пут. Од нуле. Ни из чега.

– Дајем вам заборав! – вриштаће онај луди научник. – Да можете да створите нови, врли свет! Да можете да будете људи!

Искрено се надам да баш овако неће бити. Нека је ова слика само још једна моја лоша визија. Слутња ствари. Хип пре буђења из страшног сна. Рекох и ставих тачку. Нисам сигуран да се на овај начин може спасити душа. Можда и може. Вреди покушати.

ПРАЗНИЦИ

Не заборавимо празнике, те дане пусте, шупље и празне. Ипак су били посебни – тада није било могуће пустош ничим прекрити, безнађе заварати, тугу пренебрегнути. Дан без ичега простирао се у недоглед. Празан, тих, црн. Без и једног знака промене. Без трачка светла, без месечине, без звездица. (Није ми успевало да их ухватим у плитком извору џепног огледалца.) Празник је био данак ништавилу. Предности бескраја тако су стоструко наплаћене. Сви ослонци разлетели су се изван рукохвата. Сфера понора простирала се свуда около.

Једино су на празник посуде остајале празне. Требало је да се томе обрадујемо, а не да вриштимо и да очајавамо. И шта се догодило? Дошао је Мајстор да поправи наше зделе, да окрпи котлове, замени дуге на кацама, затегне обручеве на чабровима, да калајише казане, да покупи „у старо гвожђе" све оно што се није дало поправити, да на тоцилу и брусу наоштри тупе ножеве, да разреди зупце на виљушкама, да изгланца сфере на кашикама и кутлачама... Распевани Циганин пословао је око нашег драгоценог есцајга, чукао, куцкао и певушио. Песма га је одала, као и мирис дувана који је успевао само „с оне стране". Био је то Онај чије име се не помиње. Толико дрзак да дође чак овамо! Његов ледени поглед натерао нас је да ћутимо и да чекамо да заврши посао па да оде. Онај није журио. Погледао је у нашем правцу, смејао се и шапутао нешто себи у браду. Брада му беше плава, коса црвена, а језик расцепљен.

На празник, од дуга времена, сакупљао сам све празне ствари до којих сам могао да дођем. Празне главе, празне речи и исте такве приче, празне воденице, тикве и класове, празне куће, празан стан и празан цеп, празна обећања, празне утробе и празну веру, празне очи и празан ум. На празне полице поређао сам све ове празне ствари. И сам сам постао празник, сиромах човек, без игде ичега. Бити празан на празник, можда је то једино право решење?

Кад је празник, хајде да празнујемо. Али, како? Празнина, онако штура и огољена, ако ћемо право – и слободна, сама по себи је некако свечана. Шупљина, као да зна, већ почиње да одјекује неким прастарим, заборављеним напевима. Свечари, слични диму и бледим сенкама, доходе ниоткуда, заузимају места по кутовима, жагоре и домунђавају се. Атмосфера је свечарска и светковина само што није почела. Празнопричало прословиће коју. Његово празнословље биће сасвим пригодно, онако испразно и готово нечујно. Испразник Нико славиће оскудицу док и сам не згасне. Нико се неће препознати у том густом мраку, јер су се слављеници, раније, дискретно удаљили. Тако ће празник исцурети као да га није ни било. Баш прави празник, нема шта!

РАСПРОДАЈА БИБЛИОТЕКЕ „ЕРОТИКОН"

Кад би ме неко питао шта је то привлачност између полова не бих умео да му одговорим. Шта је суштина женског и мушког принципа? Када гледам филм са Кетрин Денев – знам. Када читам Д. Х. Лоренса – чини ми се да знам. Када гледам Дегаове балерине или Гогенове Тахићанке – поверујем да знам. Али, кад искључим ТВ, заклопим корице књиге и одложим Историју сликарства – опет не знам. О феномену Ероса у књижевности и уметности, као и о његовој појави у „обичном" животу врло много, дуго и упорно размишљам, али искрено речено не налазим ни прави, а још мање сажети, кратки одговор. Као што се не зна суштина електрицитета, а сви смо сведоци да он постоји, чак и у облику муње, тако ни еротика не разоткрива никада до краја суштину своје тајне. Гледам, осећам, мислим, сањарим о томе. Не тако ретко обрадују ме (изненаде, зграну) еротски снови. Свакодневица без имало Ероса, без те лаке несвестице, без благе дозе која опија и мирише на шкољку, индијски орашчић или мошус, без њихања, без љуљања и завитлавања (овде мислим на запретено значење речи „завитлавање": јако, претерано замахивање, окретање у круг и, осим тога, једноставан хумор, интимне шале за двоје, хумор без речи, пребачен на гест и додир, по могућности влажан), без љубавних наговештаја на видику, таква свакодневица била би неподношљива, ужасна.

Један пресек кроз моју прозу иде том кривудавом, испрекиданом линијом прикривене, тек наговештене или отворене еротике. У свакој својој књизи проналазим бар по један такав текст, а обично их има неколико. Присуство Ероса никако није прорачунато, дозирано (нити може бити), него је природно и потпуно спонтано. Недавно сам направио мали избор сопствених еротских текстова, па како их се нашло дванаест, наравно нисам одолео да не формулишем следећи поднаслов – туце лаких еротских комада! Ерос је со моје прозе. Незачињена, непосољена она би била знатно мање сочна.

Бескрајно сам одани читалац еротске литературе. Између Андрића и Црњанског, бирам Црњанског, јер је еротоман; јер зна шта је љубавна помама. Јер је имао план за роман о Казанови... Рано сам читао Бору Станковића и тумачио његове мутне наговештаје и ослушкивао колање те његове „нечисте" крви. Читао сам кратке еротске приче Светозара Ћоровића („Испод врбе" и друге), заборављеног српског писца из Мостара. Касније, детаљно, проучавао сам Бокачов *Декамерон* и Казановине мемоаре. Д. Х. Лоренс био је, једно време, моја омиљена лектира. У својој колекцији поседовао сам неколико солидних еротских комада... А онда је дошло време када сам морао да распродам скоро целу едицију „Еротикон" са већином драгуља које не могу још да прежалим. Задржао сам само Фукоову *Историју сексуалности* и Зборник огледа о еротизму који је приредио оснивач и уредник ове библиотеке Милан Комненић... Лишио сам се: Мандријарговог *Енглеза у затвореном дворцу*, Хофманове *Сестре Монике*, Батајевог *Плаветнила неба*, Фуентесове *Ауре*, Занотове *Венерине делте*, Ли Јуове *Простирке за телесну молитву*, затим Прстена од Анаис Нин, *Тајног живота* анонимног аутора и пар књига маркиза де Сада... Тако је моја библиотека значајно осиромашена. Тешко се мирим са овим губитком, једним од многих у овим оскудним годинама. Стидим се и једино ће ме стид надживети... Бедна утеха састоји се у томе што су књиге брзо и лако нашле купце. И нове поклонике, надам се.

Увек сам сматрао да могу и да умем да напишем добру, праву еротску причу. Мада ми то никада није био циљ, сам по себи. Једноставно, задржао сам право и радост да се повремено позабавим Еросом и да му одам све почасти које заслужује, стварајући прозни текст. Без Ероса, као и без сна, игре, сећања на младост – живот би био штур и јадан, без сока, без ароме и без икакве сврхе.

ЈОШ СТО ГОДИНА САМОЋЕ

Пре извесног времена могло се солидно и мирно живети у српској провинцији. Сада се, на том истом месту, живи врло лоше, тешко, никако. Доскора је маловарошки менталитет био притајен, прикривен, а сада се разгоропадио и постао наглашено агресиван. Уместо да се настави друштвени процес урбанизације, код нас се, као нигде у свету, онемоћали, посрнули град потпуно предао једном, ретроградном, анахроном процесу „посељачења" (у најгорем смислу те речи). Земља је скренула у мрачни, несрећни ћорсокак у коме су културне вредности и пропозиције поремећене, а извесна достигнућа и већ постигнути високи нивои нагло напуштени или срозани испод сваког критеријума. Све док се не иживе нарасле и ижцикљале неартикулисане али виталне силе у нашем друштву, провешћемо изгледа још врло дуго времена у једном лицемерном, саможивом режиму хаоса, безакоња и отворене пљачке.

Данас у српској провинцији влада атмосфера претеривања и заваравања: или се превише галами и усиљено и извештачено слави, или се ћути и тугује; или се гура и нагомилава – људство, материјал, идеје, новац – све на једно место, или се оно што је започето, било изгледно – напушта, запоставља, бежи главом без обзира; трубе и бубњеви заглуше слух, а онда наступа неочекивана, безразложна пауза, застој, апатија, таворење и потпуни нерад; полуписмени бизнисмени трсе се да спонзоришу просечне уметнике-аматере, а врхунски ствараоци ломатају се од немила до недрага; маркетинг у култури своди се на трагање за моћним заштитницима и на отимање за парче њиховог већ искрзаног и потрошеног скута; пешаци деру последњи пар већ изношених ципела, а пословни људи возе најскупље и најлуксузније аутомобиле чији је увоз тобож забрањен и за које кобајаги нема ни бензина у слободној продаји; моћници из белог света раде нам о глави, а Срби-предузетници хладно заступају Америчке компаније и, мртви-заклани од смеха, продају нам лук, зашећерену водицу, хигијенске улошке и друге неопходне ствари уз громогласну рекламу. Исход овог рата и мира је очигледно тај да смо добили оно што смо тако помно, деценијама желели; робу сумњивог порекла, хрпе и гомиле бофлука, али све то украшено маркама и фирмама: MARLBORO, KENT, LAKY-STRIKE, SILUETHE и сл. И све то одлично упаковано у врхунски графички дизајн, заслађено, зашећерено, привлачно, богзнакако, а у суштини пусто и празно...

У тој стратегији и пракси екстрема тешко је и нечасно преживљавати у српском културном залеђу, а уз то још и остати паметан и неокаљана образа. Смутное времја у коме живимо не може никако за узврат очекивати од уметника некаква ремек-дела, нити какву славу и хвалу. Напротив! Једини уступак који чинимо свом времену то је да сада и овде немамо ни трунке стрпљења, ни мотива, ни воље да га покудимо и оцрнимо онако како је заслужило, а камоли шта друго. Још је добро испало да се сада приводе крају неки послови и подухвати започети ко зна када, давно, па се зато повремено учини да се нешто ипак дешава, књиге се штампају, ликовна дела настају, сними се чак и по неки филм, све то по некој инерцији и по замаху стеченом у претходном периоду, добу које је такође било далеко од савршеног, са многобројним манама и отежаваним околностима. А кад и то утихне, кад се сведе и прореди, морамо се упитати: како, куда и зашто даље?

Претходна казна од сто година самоће није била истекла до краја: трајала је равно пола века. А ми смо, ево, опет кажњени на нових сто гидина самоће! Ни упорни, приглупи Србин то не може издржати. Што је много, много је, мили мој брате у туђини!

април, 1996. год.

ЧЕТВРТИ ТАЛАС

СНОВИ О СЛИКАРИМА И ЛУДАЦИМА

1) Пошто су дуго изоловани у свом селу у планини, људи су, од дугог времена, израђивали – ткали необичне ћилиме-серџаде-таписерије... Простирали су их, ветрили, прали, чистили, на ливадама око својих кућа. И на стенама у оближњем кланцу. (Подразумева се да су они Срби муслиманске вере. Међутим, ја нисам нерасположен према њима. А зашто бих био, у сну? Или јави?) Неправилни комади, грубо ткани, бојени-кувани у казанима, мрких, сивих, црних и зелених нијанси. Низ једну окомиту литицу пружена је најлепша таписерија на којој преовлађују зелени тонови. Пред њом стоји жена која отресито објашњава шта тај ћилим представља, како га је ткала и колико је дуго провела радећи на разбоју. Моји пријатељи не обраћају пажњу на тепих на коме је насликана иста ова зелена шума која окружује село, него на ткаљу која их плени здравом и једноставном лепотом забачених, планинских крајева. Нехајући за женину причу о нитима и шарама, ови људи јој се обраћају неумесним примедбама и скаредним алузијама. Она то одлучно одбија и узмиче док јој леђа не додирну оштре ивице камена и док руком не напипа грубе порубе на својој тканици. Ту се пробудим. (15. 4. 94)

2) Суђење злочинцу. Полумрачна одаја. На клупама, уза зид, седе судије. Уз њих кривац, па џелат, порота, публика и деца. „Човече, шта си

починио?" – гласи судијино питање. „Писао сам књиге". „А зашто понављаш грешку за коју си већ био осуђен? Може се рећи да ти је опроштено, јер ти је изречена само условна казна." „Злочини се понављају упркос казнама. Књиге се пишу и читају упркос забранама. Чак и сасвим безначајне, лоше књиге имају бар једног читаоца – свог аутора..." *Кривац* је висок, мршав, грчевит, устрептао; понаша се некако ненормално, као да је алкохоличар без пића или меланхолик-лунатик кога мучи несаница. На свако питање скочи. Говори у рафалу, трза главом. Стеже на груди две књижице. Објашњава детаље. Чита из својих књига. Рецитује дуго. Износи податке о својим издавачима. Један је „7. јул", а други „Партизанска књига". Говори како су настале књиге, како је писао своја дела. Зашто друга књига итд... *Џелат* држи пушку, никловану, убојиту, врло уске цеви. Толико је танка да се завршава једва видљивим кружићем. Једном тачком. Иглом... *Унапред* се зна да ће човек бити осуђен и да ће казна одмах, у истој одаји, бити извршена. Суђење се, ипак, одужи. Деца постају нервозна, скачу около, истрчавају, изненада се враћају назад, упадају, прекидају и успоравају и онако спори рад суда... *Последња сцена:* кривац, тај високи, неспретни, симпатични сметењак, стоји леђима уз врата, а џелат, с другог краја собе, нишани у њега, циља у чело. Сви су још присутни, сем деце која су управо истрчала. Узнемирује ме помисао да неко дете може изненада да груне на врата, да утрчи право пред љуту цев и нишан егзекутора (који се претворио у око и у прст на орозу). Бука и жагор се стишавају што стрелац дуже нишани, све док у одаји не завлада непријатан, тежак мук. Ишчекује се пуцањ из те сребрне пушчице, готово играчке. Тајац. Дуго, предуго нема хица... У шта он нишани? У чело? Груди? Срце? Коју тачку мора погодити? Сви се уздају у његову рутину и хладнокрвност професионалца/на његово дугогодишње искуство и посебно, нарочито на каријеру без мрље). Кад оружје – најзад – опали, у том истом трену деца нахрупе на врата, па се не зна да ли је кривац гурнут вратима с леђа или погођен куршумом-стрелицом спреда. Он се стропоштава и неколико пута котрља преко главе, па око уздужне осе, слично фудбалеру који симулира прекршај у шеснаестерцу. Очи су му пуне запањености, искреног изненађења. Он тако лоше глуми да су сви разочарани, неки се и отворено смеју. Као да ни сам не зна где је погођен? У том преметању и претурању он се дохвата час за ногу, па за раме, онда за прса... Иако је рана сигурно смртоносна, он не успева да је пронађе, него се тако смешно трза и пренемаже. Његова представа гора је од наступа излапелог сеоског мађионичара, од смушене тираде првака неког провинцијског театра. Убрзо све постаје досадно. Нити је смешно, нити озбиљно. Они што су се насмејали већ се мрште, а они што су се чудили почињу да се кисело смешкају. Направи се гужва код излазних врата. Журимо да напустимо одају. Сумрак је већ толико густ да се жртва, то клупче крпа, меса и гласова, откотрља, губи негде у сенци, под испретураним и испремештаним клупама...

3) Сеоско двориште са неколико високих грађевина унаоколо. Амбари, магазе, штале... Много дивних детаља које желим да забележим на свом цртежу. Одлично сам расположен, оран за рад. Цртам усредсређено, с лакоћом која прераста у одушевљење. Пријатељи, колеге сликари, зову ме да им се придружим. Они одлазе да сликају у пејзажу. Колебам се за трен, али остајем на свом месту. Када бих се хитро попео на спрат једне од кућа, могао бих, с прозора, да их видим како одмичу у пољу. Кад већ остајем да радим у авлији нашег

домаћина, бар да осмотрим диван стас једне сликарке у дугој, летњој, делимично провидној, хаљини. И ја их – заиста – и видим, мада се не сећам више да ли сам напуштао своје место... Поново сам сâм. Прионуо на посао. Цртам оштром оловком. Бојим топлим бојама. Рад одлично одмиче... Приступам да боље осмотрим један детаљ. Морам да се сагнем. Некакав цилиндар, цев, сулундар шта ли је, са занимљивим траговима пропадања. Стари, одбачени чунак, сав захрђао. Углављен између зида и гомиле одбачених предмета. Прилазим још ближе. Довољно близу. Одлично зашиљеном оловком повлачим линије паралелне са онима које је време оставило/осликало на оној цеви. Шта се тада десило? Оно на мом цртежу и оно у шта сам гледао, та старудија под шупом – као да је једна те иста ствар?! Или је Велики Мајстор, пре мене, много боље, убедљивије, природније, животније, савршеније... него што бих ја икада успео да нацртам... већ унео, разрадио, записао све те детаље, све те, скоро невидљиве љуспице времена, ожиљке доба, квржице и чвориће, цевчице и влати... Све је већ урађено. Немогуће је, а и непотребно, бесмислено наставити даље цртање... Зашто понављати слике и цртеже Вечности?...

4) Прати ме непријатан осећај, загуби се па поново избије, туп али јасан; нелагода; слаба гроза – да ће најзад бити откривено да за своју слику користим туђ материјал – блинд-рам, платно, препаратура и све остало, све туђе. Прибојавам се да ће неко од присутних сликара приметити да му нешто недостаје и да ће неко од њих једноставно посегнути да ме одвоји од штафелаја, палете, од боја или кичица, јер сам све то присвојио и не знам више тачно чије је шта. Радим брзо, у непрестаном страху да ће ме неко прекинути... Наравно, ништа се не догађа. Нико ме ништа не пита. Сви обузети

послом на својим сликама и цртежима... Један од њих слика на старим новинама поређаним по падинама гомиле песка. То ми се веома допада. Забављам се гледајући како та слика настаје. Када његов кист застане, ја прилазим, климам главом, храбрим га да настави, да истраје... Други, опет, и тако даље, и тако даље...

5) Одмаралиште на мору. Читав град-хотел. Зелени вртови. Травњаци, цвеће. Сунцобрани, хладовина... На разним местима расправља се о лудилу. Симпозијум на тему лудила траје недељу дана. Или ће бити да је то некакав скуп сликара-лудака?... Из једног, врло убедљивог и научно поткрепљеног, излагања, реферата, непобитно произлази да смо сви ми, у ствари, лудаци. Без икакве сумње. Нема поговора том тврђењу. Никаквих наговештаја, нема шансе, нема ни зрна наде, нико не може да пронађе бар неку реч, реплику, аргумент, било шта што би оповргло ову теорију. Реч је пала. Чврста као стена. И, што је најгоре – хладна као лед... Прелазимо у следећи хотел. Тамо је огромна конгресна дворана у којој ће се симпозијум о лудилу наставити... Али ја се задржавам у парку. Сви су већ одмакли стазом која скреће десно. Колебам се. Некако ми се не иде тамо. Шта могу још ново да чујем о томе? Шта ми лудаци можемо да кажемо о сопственој болести? Или је то неко ново „лудило" које је неосетно постало „нормално"?! Плашим се да размишљам даље, јер сам и раније приметио да су се ствари промениле, уврнуле, замениле места. Не, не идем с њима. Остаћу у парку. Сешћу негде, на неку терасу окренуту мору. Или ћу шарати штапом по песку на некој усамљеној плажи...

6) Б. снима интервју за ТВ возећи спортски бицикл улицама провинцијског градића (веома слич-

ног Б. Б.). Ја сам у комбију који се креће испред Б-а, са људима из ТВ-екипе, иза камере. Б. говори својим уњкавим, тешко разумљивим гласом, не хајући за протесте сниматеља тона: „Губим га! Немам сигнал! Опет је потпуно неразговетан!" Снимање траје колико и спора вожња бициклом дуж неколико улица. Завршава се испред кафане на чијој фасади блиста фирма која је уједно и назив емисије за коју се све ово спрема. Јављам се Б-у. Крећемо ка центру града. Лето је, жега. Жедни смо. Б. предлаже да свратимо негде на пиће. Каже да имам аутобус у петнаест до шест. А зашто увек журиш? Закасни једном. Не иди. Баш сада немој да одеш... Покушавам да изврдам скрећући тему на пређашње снимање. Ко је режисер, питам. Пеђа, каже Б. (Подразумева се да је реч о П. Марковићу.) Он све живо режира, додајем. Пеђа је махер, закључује Б. Остао је у репортажним колима. Зар није требало да га сачекамо? Наћиће нас он већ. А ти, ти остани овде. Остани целу ноћ! Зашто да не, кажем, али глас ми задрхти и испадам неубедљив. Чак и ако останем сада, једанпут, ништа се неће променити. Нећемо бити ништа ближи...

У кафани. Просторија је мрачна, мемљива. И хладна, усред лета. После сунчаног, летњег дана, одједном западамо у зону вечног сумрака. Очи ми се тешко и споро навикавају на полутаму. Осећам туп бол у дубини. Иза очних јабучица Б. одлаже своје наочаре за сунце. Нисмо се још ни сместили, ходамо ка једном столу у углу, а Б. добацује конобару:

– Мени пет пива. Реци шта ћеш ти?

– Зар си толико жедан?

– То је само за почетак. И да не долази сваки час са полупразним послужавником. Зар би волео да будеш конобар? Па да те свака шуша зивка и цепидлачи, те дај ово те дај оно. Пет хладних пива и мирни смо и ми и он. Бар једно пола сата.

И док смо седели и пили у том сну (или ће то бити касније, после неколико дана, на јави?), размишљао сам:

– У праву је Б. Потпуно је у праву. Погрешио сам што сам се толико везао за моју земљу Лучанију. Некако неосетно, нехајно, определио сам се за изгнанство. Добровољно сам се лишио многих ствари. Непрестано сам у некој бризи и у страху, често и без разлога. Мада, најчешће – с разлогом. Уништио сам у себи многа лепа, дубока, јака осећања. Одрекао сам се буке и светла велеграда. Престао сам да се виђам с људима. Потонуо сам у маглу. Нестао. Не видим се више. Не препознајем самог себе...

– Што рекао Д. напустили су ме скоро сви пријатељи. Многа дела настала у мојој (забаченој, запуштеној, застрашујућој) уметничкој радионици немају никакве везе са животом. Све што је једро, набрекло, све што буја, у мени изазива нелагодност, готово страх; не знам више шта бих почео с тим. Клоним се располућене лубенице (која се онако крваво кези!), грозда на чокоту (заливеног плавим каменом, лепљивог, изгриженог, прекривеног љутим осама, дивљим пчелама и златним зољама), хладног пива (пресећи ће ми стомак), дувана (осетљиво ми је грло)...

– А зар није и Б. начинио исту грешку са својим местом становања? Ни метропола, ни село. Ни велеград, ни паланка. Нешто између. Нит' смрди, нит' мирише. Немогућа, српска варијанта преживљавања... Не. Ипак није. Јер он је довољно јак да може да се носи са надобудним житељима мегалополиса (Презирем их. Нису вредни две луле дувана"!). Још лакше излази на крај са испразним и наметљивим суграђанима. (Имам неколико ортака са којима цугам у позоришном бифеу.

Не заборави Ca Sandoza. Све остало стрпај на гомилу и запали као опало прошлогодишње лишће. Тако ти је!)...

– Благо Б-у. Он је бар опуштен. Тако ми изгледа. Као да је одавно прошао кроз кризу у којој се ја сада налазим. Као да је све ружно што је требало и морало да му се деси, већ десило. И он је ствари истерао на чистац. Више га није брига за све те глупости које мене још опседају... Како ми годи и како ме освежава његов цинизам. Ја то не умем; да се разлабавим, да одмекнем. И кад бих решио, сада више не могу да се придружим боемима и бекријама. Једини разлог је – не подносим пиће. Ни дим, ни претерано зачињену храну. Уживам у апстиненцији. Лакше бих се прилагодио аскетизму, него надметању са вечито жеднима и вечито гладнима. Моје пиће је чај. Моја храна је хлеб. Моја плућа не траже ништа друго до чисту арију...

– Али, шта иште мој мрачни двојник? Зашто сањам Б-а? То је право питање... Без правог одговора.

ЉУДИ ВИДРЕ И ЉУДИ ЧИГРЕ

а) Возимо се у круг. Два пута дневно. Није неопходно, него... Познајемо трамвајџију. Неки Мирко Трудић, човек-хлеб. Што да иде полупразан? Кад приметимо да нема довољно путника, ускочимо, правимо гужву, лактамо се. А Трудић звони, брише Немањином, дивота једна. Помажемо пријатељу, нађемо се у послу. Не, не радим. На чекању сам. Нема посла, па чекам. И сналазим се сам, како знам и умем. Мирко Трудић је већ двадесет и три године у кругу двојке. Зар да човек изгуби посао?! Немојте, молим вас...

б) Сваке недеље идемо на утакмицу. Обавезно. Навијамо за наше. Омладина јурца по ливади, младо-лудо. Улазнице нису превише скупе... Можда не бисмо, бар недељом да предахнемо од толиких, једва напабирчених, обавеза, али како да се отресеш Милана Смиљанића, како да му докажеш да нам није баш увек до фудбала?! Не, то је заиста немогуће. Радије одгледамо то натезање по пољу, него да се расправљамо са Смиљанићем... Не знате ви Смиљанића, откуд бисте га знали?! Права досада, робија је бити његов пријатељ... Кад је био млад није било фискултуре. Зато је Смиљанић остао малог раста, ситан, закржљао. Једва метар и жилет. А онако, чигра, жива ватра, видра од човека... Касније, много касније, спорт се развио, фудбалски клубови никли као печурке после кише. И сад, шта сад? Нема назад... Кад већ фабрике не раде, добро је да људи што више бораве на чистом ваздуху. Ако је држава пропала, није пропао фудбал. У праву је Смиљанић, донекле је у праву... Зачикавамо, запевамо, потихо: „Смиљанићу, Смиљанићу, покисло ти перје!"... Али, не чује он нас. Не зна за шалу. Тера по своме. Солидно и заради. „Лопта је округла! Нема коцкасте лопте!" – узвикује Смиљанић и погледа у нашем правцу. А лопта заиста округла, лети, клизи, дивота једна...

в) Не бих можда слушао радио па ни ТВ, да није Владана Ненадовића. Он чита, већ пет-шест година, све вести, једну црњу од друге, следећу стопут гору од претходне. И кад помислимо, понадамо се, да нам се све најгоре већ издешавало, он настави, проговори, сахрани све наше наде. Какав диван глас, мајко моја! Какав убедљив, сониран баритон. Бог те молово! Господско изражавање, свака реч на месту, сваки акцент, зарез. Тачно чита, никад не греши, гром га убио да га не убије! Да ли је г. Владан Ненадовић свестан какву моћ има његов глас?! Да ли је свестан да нас уништава?! И још је тако надмен, самозадовољан. Кад би бар нешто прескочио. Али, не! Он тера, без предаха, неуморно, до краја, док нас не истреби, док нам не дохака. Слушамо га и дању и ноћу. Дању на ТВ, ноћу на радију. Уклопио смене или га сниме па емитују, ко зна шта раде?! Тако смо свикли на њега, постали смо зависни. Без дневне дозе лоших вести не крећемо на спавање. Ко би могао да заспи после Ненадовићевог „Дневника"?! И некако смо очврсли. Не падамо тако лако као у почетку његове каријере. Није нам више важно шта говори. Да смо пропали, да смо капитулирали, да смо постали капиталисти и господа. Важно је да он говори и да га ми јасно чујемо. Какав пријатан глас, људи моји, чиста свила...

г) Превише је америчких филмова и превише насиља у њима. Преврршила дара меру. И кад би се ти Американци ограничили само на филм, они своје неподопштине извозе и продају целом свету. Путем филма цео свет инфициран је насиљем. Некако би се изборили с тим, али Родољуб Деспотовић је против. Он вам је већ тридесет и шест година киноператер у нашем биоскопу у нашем циркусу „Слога". Скоро ће и у пензију, има нешто стажа као тракториста и магационер. Он, несрећник, воли старе америчке филмове, обожава их. И сад, ко да га разувери, ко да га одбије?! Заједно с њим свашта смо претурили преко главе. ИБ, 68-ма, самоуправљање, несврстани, писмо, делегатски систем, да те Бог мили сачува. Онда, италијански неореализам, француски нови филм, прашка школа, наш црни талас, баш свашта. Како смо само дрхтали од страха док шпица „Филмских новости" бљешти у мраку... Не би било фер да га сад, после толико година, оставимо на цедилу. Дремамо у тами. Брзо се и то сврши. Сат и по до два, највише...

д) Хоћете ли један „Тика-Тик"? Чули сте оно: „Много свежине у само две и по калорије!" То је смислио сестрић г-дина Лагарића. Бистар момак, има своју агенцију за маркетинг и те ствари, смишља рекламе, млати паре. Што глупље то боље! Г-дин Лагарић тврди да се сестрић уметнуо на њега. Пљунути ујак, слаже чим зине. Узмимо зелене бомбонице. Укусне су и згодно звецкају у џепу. Освежавају, милина једна. Смислио је сестрић г-дина Лагарића још многе пароле, слогане, епитафе. Као на пример: „С нама до гроба! Посмртна опрема ЛАК САНАК" „Дан по дан, згубидан! Вавилонска лутрија" „Поштено, па на суд! Демократска..." „Идемо даље, за исте паре! Погорелац банка..." „Читај како је написано, али врати књигу! Градска библиотека..." „Ево руке, преброј прсте! Штедионица ПЕТПАРИЋ..." Можете да измичете колико год хоћете, али сестрић г-дина Лагарића упецаће вас на крају баладе. Способан дечко, сналажљив, нема шта...

ђ) Узимамо превише књига. Вичемо, теглимо, свако по нарамак. Прочитамо тек сваку десету. Навика, чиста навика. Одемо у библиотеку, проћаскамо са библиотекарком. Узмемо, вратимо. Чланска карта вири два прста из малог џепа на сакоу, као у Радована Трећег. Раздужимо се, задужимо. Картон пун као око. Нађемо се у послу. Лепо нама, лепо њој. Шта ће жена сама у оној тишини, у оној прашини, није јој лако. Овако, брже јој, са свима нама, прође време. Ма, ко би то читао, све сам Борхес! Живимо монотон, штур живот. Као у некој краткој Албахаријевој причи.

е) Набавио сам и лекове. Уторком стижу из хуманитарне. Пуна кеса. Нека се нађе. Нек' им је истекао рок, ништа не мари. Ови наши пријатељи из Европе и света, шаљу заиста редовно. Имају осетљиво, меко срце. Разумеју нашу несрећу и немаштину. Нећемо ваљда да им замеримо што су нас завадили, нахушкали?! Таман посла!... Рат је наш локални обичај; фолклор, балканске ствари. Ако не ратујемо с комшијама два-трипут у веку, изневеравамо традицију. Шта да напишу историчари? Било мирно, пази да није!... Саосећају људи, чине добро. Нама је тешко да будемо баш беспрекорно захвални, али трудимо се колико год можемо. Учимо на сопственој беди. Узми брате кад је фрај! А можда је, у целој тој гужви, и неко наш исцедио какву вајдицу, ко ће га знати? Био би луд ако није а могло му се. Указала се шанса, искочило повољно, како да не! Зграби и ћути, то ти је сва филозофија данас...

ш) Мирко Трудић, трамвајџија, Владан Ненадовић, радио-спикер, Светозар Тмушић, повртар-ротквичар, Родољуб Деспотовић, филмофил, Драшко Драшковић, мајстор-сваштар, Добрила де Стил Перуничић, библиотекарка у Градској библиотеци, Милоранка „Петруњела" Слијепчевић, траварка, Милан Смиљанић, писац књиге *Теорија офсајда,* „0:0 као позитиван резултат", „Публика, стадо или хор?" и других бестселера, затим сестрић г-дина Лагарића, па Немања Кривокућа, благајник лепљивих прстију, Крста Џабић, суфлер аматерског позоришта (Крста има незнатну говорну ману, али глумци су навикли на његово муцање, а осим тога кад тад науче улоге)... Све су то наши људи, добри људи. Треба их разумети, свима угодити. Обузела нас је плима чудесне лакоће милосрђа. Тај загрљај као да нас гуши?! Дави, не попушта, а ми не умемо да се измакнемо, отмемо. У њему је тако лепо, слатко. Као да губимо свест, већ лебдимо?!...

ГО У ТРАМВАЈУ

У тренутку једном не знам шта се деси.

Дис: Јутарња идила

Трамвај у један и десет (морао сам да будем у (соби око пола два (У трамвају сви дремају (Свукао сам се и (погледао у часовник (Било је прошло четири (Где сам скренуо с пута.

Милутин Петковић: Мимоход

Био сам јако уморан. Истрошен. Ухватио сам трамвај тек у један и десет. Погледао сам на сат – кући нећу стићи пре два. Можда само који минут пре два. Ах, какав дан! Уморан сам као пас. И празан као... Као шта? Ако кажем „као пустиња", биће то претерано, глупо. „Као црна рупа", то још горе звучи, иако је нешто тачније; прецизније говори о мојој испражњености. О исцеђености... Погледао сам на сат. Казаљке се још нису помакле. Да ли и време стоји у глуво доба? У трамвају сви дремају. Ако седнем, заспаћу и вртећу се у кругу двојке целу ноћ. Шта сам све доживео, шта ми се све ружно десило данас; то јест јуче? Све најгоре, да горе не може бити. Тако сам малаксао. Шта да урадим да се не бих стропоштао на прљави под трамваја? Како бих се само радо сложио, пружио међу смрдљиве пикавце! Преко хрпе туђих корака. Нек' ми се око залепи за угажену жваку... Не можеш против времена. Против смене дана и ноћи. Ја сам против. Мада ни сам не знам тачно против чега. Кога?... Спустих торбу на празно седиште. И кишобран. И шешир. Мора да се тада нешто десило са мном. Развезах машну, одложих рукавице. Нико не обрати пажњу на мене. Пажљиво пресавих мантил, а на њега сложих сако. Да ли се то ја свлачим у трамвају?! Уколико у трамвају обучем пиџаму, уштедећу можда целих три и по минута. Право с врата скочићу у кревет. С прага бацићу се у постељу. Заспаћу као заклан. Пронаћићу спас у сну без снова. Сан је једини мој спас. Погледах на сат – учини ми се да је прошло пола четири. Мора да већ сањам. Трамвај је клопарао Немањином улицом недалеко од станице на којој сам се попео у њега. А Немањина улица се развлачила у недоглед. После поноћи она је дупло дужа него обично. Приметио сам то... Наставих да се свлачим. Да ли ме трамвајџија види у ретровизору? Дланови су ми знојави. Данас сам се презнојио хиљаду пута. Шта хиљаду, милион пута! Прљав сам. Тако сам прљав да ми је мука од сопствене прљавштине. Осећам како ми се зној цурком цеди између плећки. Изух ципеле, скидох панталоне и кошуљу. Како бих се радо истуширао. Не, напунићу каду и бућнућу се у воду као риба. Као стари кит. Као дебели морж који тако добро зна да ужива. Онај зубати морж који дрема на обали. Који хрче, који тестерише балване сваки час наилазећи на тврде, на челичне чворове. Јесам ли задремао? Може ли човек стојећи да заспи у трамвају. Када би путник, веома уморан и расејан уз то склон разноразним претеривањима и умишљањима, путовао са Славије, а на првој станици... Где сам? Јесмо ли стигли? Не, никуд ми нисмо стигли. Скоро да се нисмо ни померили с места. Стојимо испред семафора. Црвено. Жуто. Зелено. Немам више ничег на себи. На следећој станици био сам наг. Го у трамвају. Путник го у трамвају који клеца и тандрче тако споро да спорије не може бити... Уштедећу целих шест минута. Уколико одустанем од купања, можда још осам до четрнаест. Што, укупно, може изаћи на двадесет и два минута. Нек је, рецимо, и половина сата. То никако није на одмет... И тако сам, изгледа, скренуо први пут: путујући у сред ноћи го у трамвају уштедео сам половину сата, али више нисам успевао да се вратим у збиљу, нисам могао да ухватим онај стари, познати, уобичајени ритам. – Увек сам предњачио или, пак каснио бар за неколико часака. Часова, ко ће знати? Тако би испало да стојим го у трамвају, а лежим обучен у кади. Или обрнуто. Да доручкујем у купатилу, а перем зубе у канцеларији... Изађох го из трамваја у четврт до четири. Имао сам одело уредно сложено преко руке. У десној сам држао своју ташну са папирима од вредности. На левој руци имао сам златни сат марке ОМЕГА. Не, не марке АЛФА, ни АЛЕФ, него марке ОМЕГА. ОМЕГА је, иначе, моја омиљена марка. Имам ОМЕГА ципеле, ОМЕГА кошуље и многе друге ствари марке ОМЕГА. ОМЕГА пиво хлади се у мом фрижидеру. Пушим, ОМЕГА цигарете. Моја жена носи наочаре ОМЕГА и моја деца жваћу жваке марке ОМЕГА. У ствари, све је одавно постало ОМЕГА у овом граду. И сви смо стигли до тачке ОМЕГА. Свет је заустио последње слово које има стравичну тежину. А то је слово ОМЕГА. И свуда имамо тај знак пред очима – Ω. Говоримо ОМЕГА-сленгом, једемо виљушкама са ОМЕГА-грбом утиснутим у дршке. Најкраће речено, ми смо вам ОМЕГА-људи. Како ми то раније није пало на памет?! Како је могуће да нисам видео ово што боде очи?! ОМЕГА-људи с краја века и на крај срца! С нама ОМЕГА-људима никада не знате на чему сте. Ми смо склони да вас изневеримо, да вас оставимо на цедилу. Да вас изиграмо. Да вас вучемо за нос на правди Бога. Да вам се смејемо у лице док вам празнимо џепове... Ми смо ОМЕГА-људи, спремни на све. Једино што показујемо слабост према тим ОМЕГА-стварима. Можете да нам увалите још по који ОМЕГА-објект с којим не знамо шта да почнемо... У једном тренутку не знам шта се десило. Где сам скренуо с пута? Шта се десило? Где сам скренуо?...

ПЕТИ ТАЛАС

КОНЦЕПТ ЗА ПИСМО КУСТОСУ „СРЕЋНЕ НОВЕ ГАЛЕРИЈЕ"

1) Изложба, позоришна представа, концерт, филм, књига...	Туђе уметничко дело
2) Плакат који најављује догађаје набројане под 1)	Туђе уметничко дело
3) Изложбе плаката – ауторске, тематске, жанровске итд.	„Електра", галерија плаката, примери уређења радног простора – галериста
4) Колекција плаката образована између 1986. и 1996. године	Колекционар
5) Настанак циклуса „Мегаколажа" од 1992-1996 године:	Моје уметничко дело, ново и оригинално
а) деконструкција – уништавање збирке плаката	Поступак: режи и лепи, али брзо.
б) конструкција – стварање циклуса колажа димензија 90×200 cm	Настави по трагу. Ишти склад!
г) развијање и усавршавање комбиноване технике – интервенције бојом, додавање различитих материјала итд.	По трагу – до складишта!
д) излагање „Мегаколажа" у галеријама и холовима библиотека	Доћи (к себи) и каталогизуј!
ђ) књижевне вечери допуњене изложбама колажа и „Мегаколажа"	Ускладишти све примере на које налетиш, ма како они бизарни или једноставни били.

е) перформанси: „Доручак на трави" 1994. „Дарови моје рођаке Марије" 1994, са учешћем живих модела

Пописуј!

ж) нови перформанси: „Вечити складиштар", „Изгоретине", „Распремање вавилонске библиотеке", „Музеј папирних фигура" и др. инсталације, објекти од папира (књига, новина) и стакла (старе флаше, срча).

Потпиши се као аутор. Регистра. Региструј! Интервениши! Буди инвентиван. Као нпр: заснуј ново складиште.
То ће бити сасвим довољно.

КАКО ПИСАТИ ЗА ЧИТАОЦЕ С КРАЈА XX ВЕКА

Признајем да није лако писати за читаоце који су прошли сито и решето, који су већ давно видели а и доживели све што се може замислити и сањати, па и много више од тога. Како писати за унезверене, извештачене, избезумљене читаоце с краја XX века? Шта преостаје писцу који пред собом има такве захтевне, ексцентричне, сурове читаоце? Можда је најбоље откачити се, одлепити заједно с њима?! Заошијати машту, распојасати уобразиљу, размахати се, завитлавати се, делити ниске ударце и доле и горе, и у браду и испод појаса, наздрављати оштрим пићима и лево и десно, и лажљиво се смешити преко ивице чаше; мучки ударати с леђа, а онда се исцерити: „Шалио сам се! Ха-ха-ха! Тако сам се слатко нашалио с вама! Само живо, само живо! Кратко – оштро, топло – хладно! Обрни је, преврни је, из твог села није! Слика до слике, пасус до пасуса; цртица до цртице. Груба шала до простачког хумора. Коленом у мошнице, челом у зубе!... А онда, завршни ударац: подсмех, презир, пљување, нокаут... Дотле смо дошли: њима су потребне врло јаке, јаче, најјаче дозе. Како – коме? Па, вама, читаоцима! Има мајстора који умеју да припрме та јела и да смућкају та пића. Па ком обојци, ком опанци. (Мада се више нико не сећа шта то беху „обојци", а тек само ретки, старији читаоци још знају шта су „опанци".) Ком риба-патика, а ко босоног по трњу. Све до звезда! Видећеш ти своје звезде! Ожежи, ожежи! Само живо, само живо! Виво, виваце!..."

Још нисам постигао опачину која је опет на доброј цени. А и не трудим се колико би требало. Бавим се по мало Костићем, и тако... – Е, мој јадни јадниче! – грмео је Змај на Костића са своје самртничке постеље. А и Костић би мени одбрусио по неку масну псовку само да може. Не преостаје му ништа друго него да се преврће у свом подстанарском гробу. Сомборци који држе до јубилеја и до парастоса, кажу да се из богаташке гробнице фамилије Попић-Паланачки, повремено чује неко крцкање, претурање и кашљање. Ни смрт није смирила пргавог и напраситог песника. Можда ће му добро доћи да се мало насекира и због ових мојих писанија?...

Закачио сам се, кажем, за веселог Лазу, додуше, унапредио сам га у "доколног госн Лазара, славног српског ђувеглију", има већ пет-шест година, а биће и јаче. Али, ишчитао сам Костића озбиљно, уздуж и попреко. Пажљиво, студиозно. Са оловком у руци. Песме, драме, огледе. Чланке, писма. Оне четири приче, по неколико пута. Сећања савременика, такође. Књижевну критику, и пријатеље и непријатеље. По неки детаљ учини ми се згодним па га развијем у причу. По неки мотив инспирише ме, понесе, па напишем и новелу... Час ми се учини да пишем комедију о Костићу, па фарсу, а већ на следећем листу склизнем у патетику, чујем јасно гласове и кикот ликова, неприродан, језив смех који одјекује из гротла Ноћи; та јека неподношљива је, одвратна; пожурује ме да прословим коју о њима, да дометнем нове истине на старе лажи, да осветлим по који забачени кут, да погледам људе, ствари, време, кобајаги, из новог угла, да освежим сећања зналцима, да покренем непокретне, давно замрзле, плиме подсећања, да разјасним оно што се разјаснити не може и да се, на крају, подсмехнем – заједно са читаоцима који ми већ нестрпљиво извирују преко рамена – да се злурадо исцерим тим промашеним, трагичним или испразним судбинама. Као да смо ми бољи од њих?! Ми, од вајних јунака моје књиге! Ма, какви, то се не може поредити, то се не може дорећи до краја... То нема благе везе.

И тако данима, месецима и годинама: рвем се са тим сенкама, бијем се са тим гласовима и борим са одјецима који звоне и хуче између мојих напаћених слепоочница. Чудно је и страшно то поприште, то разбојиште у глуво доба. Док пурња дим заборављене цигарете на ивици керамичке зделе сличне ноћном суду. Док се около мају духови за које више нико не би дао ни пребијене паре... Још ми само птица ругалица прави друштво, само је још јејина будна на суседном оџаку; ја черечим успомене на Костића, а она кида и комада неопрезног пацова, као лаки ноћни обед. Све док и њу, један прецизан хитац из ваздушне пушке, не претвори у облачић завитланих перушки...

ОТВОРЕНО ПИСМО ЧИТАОЦИМА РОМАНА *ПРИЧИНА* И *ДРУГА КЊИГА ПРИЧИНЕ*

Остао сам Ти дужан још коју реч о мојој новој књизи, још које објашњење. У писму, које сам ономад с одушевљењем примио, говорио си о књизи с великим разумевањем, а чини ми се – и с одушевљењем. У твојим речима пронашао сам изворна осећања и душу особеног и искусног читаоца. Дакако, поменуо си све најважније теме и дилеме садржане у делу. Али, да не би било какве двоумице или, не дај Боже, неспоразума међу нама, реших да ти одговорим на опширно и љубазно писмо.

О плану књиге. Сасвим је тачно Твоје запажање да је тешко или да је сасвим немогуће „нацртати" план књиге која ће се бавити тако ирационалним стварима као што су снови. Међутим, дати план, ма како изгледао „прецизан, графички чист итд", није у потпуности спроведен у књизи (постоји четврто поглавље које у њему није уцртано и друга, значајна одступања). Осим тога, постоји и текст под насловом „Промена плана". Ти си се држао одељка „Мало сазвежђе фуснота", који ми је пружио одступницу и шансу да амортизујем несклад између појмова рационално-ирационално, сан-јава итд. Али, исти излаз у случају опасности пружа и поменута „Промена плана". Ту сам послушао свој унутрашњи глас, интуиција ме увек води куда треба, никада нисам погрешио када сам послушао свој дајмонион. На другом месту у уводу говорио сам и о „тачкама нагомилавања", о отвореном делу које ће бити допуњено и поправљено у следећем издању, уместо поглавља 36 дао сам репродукцију слике Владимира Дуњића „Загрљај анђела" (види стр. 115) и тако даље. Дакле, и сам сâм се колебао и лутао тражећи право решење за известан несклад о коме си и Ти говорио. Надам се, наравно, да те слабости књиге – нико није савршен! – немам илузију да сам написао савршен роман – неће срушити целу конструкцију коју сам тако пажљиво и детаљно градио део по део, греду по греду, шраф по шраф. Реч по реч, слово по слово. Моја је приватна ствар што сам овом подухвату пришао са одређеним (претераним?) амбицијама и што сумњам да ћу ускоро успети да превазиђем самог себе (а, зашто да не?). На овај рукопис потрошио сам све адуте, испалио цео и пун шаржер тешке артиљерије постмодерних достигнућа. Што опет не мора да значи да сам погодио мету. Можда је мета била на сасвим другом месту?!

Да ли Пајић уме да напише роман? Шта је, уопште, роман? Зашто је Павић, у поднаслову „Хазарског речника", помињао 10.000 речи?... Сматрам да је моја књига довољно слојевита, да се може читати на више начина, да носи одређену прозну „тежину", да има више елемената класичног схватања романа (личности, радња, атмосфера..), али да има и довољно новина, препознатљивх ауторских решења, као и неколико постмодерних иновација – како би заиста био роман. Иначе, добро си запазио, ја имам проблема с романом „имао сам их и имам их и даље). Ствар је чак претила да се претвори у некакав комплекс – да ли Пајић уопште уме да напише роман? Или: треба ли Пајић да пише роман? (Или да се довека ака са својом фрагментарном, мозаичком, колажном прозом?) ... Факт је следећи: да нисам „налетео" на Костића и његов *Дневник снова,* вероватно се још не бих решио да пишем роман. А кад сам одлучио да пишем о Костићу и поводом његове песме SMDS, одмах ми је било јасно да Костић никако не може да се смести у не знам какву савршену кракту причу. Костић једноставно захтева највећу и најкомпликованију прозну форму. А то је роман. Треће. Роман схватам као широко поље за истраживање и експериментисање. Роман је за мене непрегледан простор за креацију, роман је бесконачна множина облика и њених варијација. (О томе је дивно писао Миливоје Марковић под насловом „Путовање кроз снове", у Борби од 4. јануара 1996). Тек сам у роману добио довољно простора да сместим Костића који се иначе опире сваком неопрезном, неутемељеном и олаком приступу, а тек „коначној обради"! На крају писања обузео ме је утисак да сам успео у својим настојањима, да сам Костића (као тему, јунака) и роман/као жанр, изабрану форму) поприлично усагласио, артикулисао. Про-извео, исцедио – онако како се цеди вино – уметност. О свему томе може се, наравно, дискутовати. Изненадио сам се када сам дошао до оног места у писму где Ти мој проблем с романом, моје хрвање с формом, називаш „свађом са критичарима; Пајић хоће књижевним критичарима да покаже и докаже да уме да пише и да напише роман". – Не лези враже, има ту истине. Борио сам се свим силама да и себи и њима докажем да умем да пишем роман. Као исход тог латентног окршаја, као резултат мог обрачуна с Њима, јесте – роман, са свим врлинама и манама. На крају баладе мени је најважније да сам тражио и пронашао праву форму. У овом случају – роман. А када сам дефинитивно решио да ће књига о Костићу бити Роман, са великим „Р" и уз сва дужна поштовања, пола посла било је обављено. Друга половина састојала се од пуког исписивања текста.

„Причина" као целина. Чујем нека мишљења из кулоара да је књига, опште узев, пренатрпана. Да сам, ваљда, претерао, префорсирао, шта ли?! Хтео да покажем шта све знам и умем, па прекардашио? Артефакта учинио артифицијелним, писао роман ради романа, стварао уметност ради уметности?! У свом претераном напору да креирам роман, многе књижевне елементе довео у „пренапрегнуто" стање, на ивицу издржљивости, до пуцања, до апсурда и до самопоништења... Признајем једино да сам можда претерао у самоиспитивању, у аутокритици. А ако је то тако и ако сам у томе био искрен и убедљив, онда отпада оптужба о претераној амбициозности. Да ли аутор може бити крив већ зато што је решио да напише роман? Не. Да ли неко довека мора да пише кратке приче, ма како био вешт у томе? Не. Па, у чему је онда његова грешка? Где му се може упутити оправдана замерка? Све те нејасне и до краја не исказане примедбе могу се односити само на *другу књигу,* на „Гласове из гротла ноћи". Први део, „Причина Костићева, Леонора", морао би да делује знатно кохерентније. У другом делу, који сам од *Додатка* произвео у *нови роман* – да ли је сам тај гест претеривање, преувеличавање, или, као што сам хтео, супериорност и суперлатив (крајњи, претеран, изванредан)? Како да најбоље, постфестум, објасним, образложим, одбраним свој неочекиван, радикалан потез? – Три паралелна тока, али не наративна, него жанровска, уплео сам, увртео, увео да се преплићу и да један другог објашњавају, подржавају и разграђују. Једна нит је сачињена од повести, друга од есејистичких текстова, а трећа је дата у дијалошкој, у драмској форми. Може ли једна књига (или један њен део) да издржи тај унутрашњи напон? Није ли баш зато целина (други део књиге) испала понешто рогобатна? Можда је ту остало превише дилема? А, опет, ако кажем

да сам се водио и Костићевим (а и својим) темпераментом, имам ли довољно јаке аргументе? С друге стране, пишући писмо Теби као узорном читаоцу, не дајем ли адуте у руке другим, знатно мање савршеним читаоцима, какви су и књижевни критичари. Ево, рећиће они, Пајић се изуо пре ћуприје! Превише бисера на једном месту за некога значи складну огрлицу, а за некога гомилу шљаштећих цица-мица. Шта смета бароку што је накићен и пренатрпан таласастим, вијугавим и изукрштаним детаљима? Једноставно, он је такав, особен и препознатљив. Па тако и ја, ако сам своје романескно поље закрчио пажљиво одабраним и драгоценим детаљима, учинио сам пратећи диктат теме и тражећи прави облик за суштину своје мисли о Костићу. Наравно, сам Костић ми је дошапнуо најбитније ствари. Идеални читалац не би био идеалан кад не би разумевао такве финесе. С поштовањем. Ваш одани...

ПИСМО БЕСПРЕКОРНОМ ЧИТАОЦУ

Пишем ти иако не знам твоје право име, нити адресу на којој обиташ. Па чак ни да ли заиста постојиш. И њему се, у ствари, обраћа када је најискренији, када је потпуно отворен. Писац нема никаквих тајни пред својим идеалним читаоцем. Обраћа му се као рођеном брату. Брату близанцу. Двојнику, ако таква блискост уопште може да постоји. Као најстрожем судији. Од њега тражи што блажу казну, а кад се осмели пожели, помисли да ће му бар узорни читалац опростити све промашаје, све аљкавости, да ће му прогледати кроз прсте на слабим местима. Писац се нада да ће најбољи од свих читалаца врло пажљиво проучити његов текст, али да ће увек имати воље за протекцију. Од гласа идеалног читаоца сваки писац стрепи, трза се у сну или избегава да заспи у глуво доба. А опет, прижељкује да му беспрекорни читалац пошаље ону благу вест. На пример: да је књига подношљива, да је роман занимљив или да је повест сасвим, сасвим коректно написана. Не, књижевни критичар није онај читалац о коме писци маштају. Критичар је немилосрдни професионалац обузет својом каријером, ограничен актуелним трендом, обуздан ауторитетима из теорије књижевности, спутан сивим еминенцијама који вуку конце из сенке, мамузан обавезама да текст преда тачно на време уреднику културне рубирке, исцеђен чланством у моћним клановима, измучен колебањима да ли да промени табор – Да ли да још једном будем проклети конвертит? – пита се он. Писци имају бескрајно разумевање за невоље књижевних критичара, за тешкоће вечитих чланова жирија за доделу књижевних награда, за историчаре књижевности и мудре есејисте којима су важеће или нове или најновије, оне тек проглашене, књижевне епохе тесне и кратке. Писци имају самилости много више но што је потребно према истраживачима уметничких и књижевних поетика, не чуде се када их ови премештају из ладице у ладицу, из досијеа у досије, из картотеке у картотеку... Али, беспрекорни читалац, усамљен и немилосрдан, не игра познате игре, не учествује у окретним, друштвеним и политичким играма. Он само чита оно што пише у тексту. Позајми књигу из библиотеке (више нема новца да је купи у књижари), све тек отворене картице носе његов потпис на првом месту и имају уписан број чланске карте Народне библиотеке у врху празне таблице. Он никада не добија бесплатне примерке (као немарни и незасити књижевни критичари, па не знају шта ће са књигама које листају преко воље, њихове радне собе затрпане су збиркама поезије које никада нису отворили, чак ни пријатељ књижар више неће да узме прекобројне примерке ни у пола цене) од пропагандне службе издавача. Весели, домаћи издавачи, као да морају, засипају књигама блазирану господу чија су се пера излизала, а чија је читалачка пажња на умору, на издисају. Идеални читалац, онај кога нико не може поткупити, онај који прима поклоне само од свог омиљеног писца – а сви се надамо да смо баш ми ти срећници и да смо, својом последњом књигом, усрећили своје сталне, беспрекорне читаоце – одмереним кораком излази из Градске читаонице у којој је прелистао дневну штампу, више не купује ни „Политику" као што је чинио двадесет или тридесет година, од како је осиромашио нашавши се потпуно неспреман у гротлу кризе, „ове ситуације", „распада система", у добу радикалних и катастрофалних промена с горег на лоше и с лошег на још горе, што, укупно узев, није утицало на његов стамени и пажљиво изграђени књижевни укус. Понекад, на некој књижевној вечери, препаднем се од сусрета са непознатим посетиоцем који би могао бити баш онај мој идеални читалац. Штрецнем се, али брзо дођем себи, јер знам да беспрекорни читалац, бескрајно скроман и трпељив, седи негде у последњем реду добрано прорeђеног гледалишта, да пажљиво и мирно прати све што се догађа, памти све што се каже, али да он лично никада не поставља питања. Све што је желео да зна нашао је већ у тексту, а на књижевно вече свратио је тек да протегне утрнуле ноге и да одмори сузне очи под стаклима са поведиком диоптријом. Да ли је идеални читалац увек и само један? Питам се и то ме питање, признајем, онеспокојава. Да ли је, по дефиницији, један једини? Може ли их, уопште, имати више? Уколико тако помно стремимо њима, тј.. – Њему, онда је бесмислено умножавати рукописе. Било би довољно узорном читаоцу упутити оригинал. Али, не. Ипак, мора да их има више? Уколико тако помно стремимо њима, тј. – Њему, онда је бесмислено умножавати рукописе. Било би довољно узорном читаоцу упутити оригинал. Али, не. Ипак, мора да их има више. Бар двоје, седморо или четрнаесторо. Највећи писци имају их, вероватно, још више, много. Но, никад – веома много. Број идеалних читалаца сигурно је ограничен... Пишем ти ово писмо, јер знам да ћеш ме одлично разумети. Теби се обраћам у самоћи своје скромне собе. Убеђен сам да постојиш и да имаш стрпљења да чујеш још коју реч коју ти упућујем апсолутно искрено. Да ли ти се допала моја нова прича? Ти знаш, умем ја да пишем и боље.

ШЕСТИ ТАЛАС

КРИК-ФИКС, КЛИК-МИКС ИЛИ НЕШИЋЕВЕ ИГРЕ НА МАПИ

„Постоји једна игра погађања, која се игра на мапи. Један играч тражи од другога да нађе неку реч – назив неког града, реке, државе или царства – укратко, неку реч која се налази на шареној и замршеној површини карте.

Почетник у игри обично покушава да збуни противника наводећи му најситније исписана имена; али мајстор у игри бира оне речи које се у крупним словима простиру с једног краја карте на други. Оне, попут претерано крупним словима исписаних знакова и огласа по улицама, промакну пажњи – зато што су и сувише очигледне..."

Е. А. По: Украдено писмо

„Човек реши да нацрта свет. Током година испуњава простор уцртавајући покрајине, краљевства, планине, заливе, бродове, острва, рибе, куће, инструменте, звезде, коње и људе. Пред смрт он открива да тај стрпљиви лавиринт линија оцртава његов сопствени лик."

Х. Л. Борхес: Буенос Ајрес, 31. октобра 1960. године

У најбољој традицији јапанске технике махиналног цртања четкицом и тушем по упијајућој хартији или тежећи најефектнијим дометима надреалистичког писања-сликања, Нешић* убескрај игра једну *игру на мапи* и открива (па заборавља или бар тежи да заборави грозу коју је управо

---
* Драган Нешић (Крушевац, 1954), сликар, члан УЛУС-а, професор физике, живи у Прибоју.

открио) један *стрпљиви лавиринт* људских лица, лица, лица и само људских лица. Сразмерно његовој (огромној радној) енергији (коју нештедимице развија, проналази, одаје, троши) дневна продукција оваквих цртежа је (ужасно) велика (огромна, чак): неколико десетина ликова дневно, неколико стотина месечно и ваљда више хиљада годишње! Нешићева станишта попримају изглед имагинарних (хесеовских, кафкијанских, борхесовских) архива, у којима се нагомилавају, растурају, скупљају ликови небројених грешника, изгнаника, изгредника, изгладника, угледника, уживаоца опијума, случајних пролазника у нечијем сну, болника и болесника, природно ружних, наказних, настрадалих људи, брижника, сетника, поданика бога сна Хипноса, припадника супротног табора Хипносовог брата близанца Танатоса и њиховог најближег рођака Ероса, евнуха, ратника, изгладнелних и изелица, опхрваних јадом и заточених у радости, са осмехом-грчом на искеженом лицу, отежалих од лудила, беде и ужаса, злочинца, решавалаца укрштених речи, оратора (онако како их је видео Мунк или Величковић, сећам се његовог „Великог оратора"), невиних, заборавних, заборављених, смакнутих и њихових егзекутора, светаца и жртава њихових погрешно одабраних, изговорених и усмерених молитви, лопова, колекционара, обешених, откачених, исмејаних, насмешених, наљућених, изведених из текста-лика, одведених, заведених, несталих... Ма колико радио на исцртавању ове колосалне *галерије наказа,* Нешић није ни близу краја том послу: ко ће пописати све црте радости и патње, све линије интелигенције и глупости, све зраке сјаја и простоте, све боре на лицу мог оца, све пројекције младости и лепоте и све флеке пролазности, старења, опадања, све те мрље и крмаче таме, ругобе и све тачке и тачкице смрти...?! Ипак, ипак, слажем се: има смисла просипати и прскати све те капљице и мрве људске одисеје, има смисла учествовати у заједничкој утопији сна, има смисла борити се против мрских зидова (и ветрењача и воденица и млинова и кврга) који чине или који ограничавају стварност. Док има наде има и смисла „а ко ће нам одузети наду кад је нада ништавна, бледа, претворена у прах, а ипак је још увек има и делује и није мање присутна и привлачна и омамљујућа" радити тушем на папиру – као што ради Нешић. Има смисла забележити и по који трен-осмех, гриз-гримасу, секунд-бол, блиц-лик, сноп-талог, трептај-шамар, врабац-радост и риба-поглед... Нешићу, Нешићу, што нас мучиш. Што нас мориш? Зар смо толико гадни, грдобни, грозоморни, страобални, зар смо такви – никакви?! Ако бога знаш, Нешићу, улепшај нас, бар мало, олакшај нам муке, молим те!

УМЕТНИК У ХОДАЊУ

„Доћи ћу у Ваш крај, можда ћу ходати баш у близини Ваше куће. Писаћу – ходаћу – цртаћу... Кретаћу се пажљиво да никога не повредим, него да му донесем радост. Да донесем оно што сам видео и однесем оно што ћу видети."

Мирослав Мандић:
Писмо европској јавности.

Светски путници, попут Магелана, Васка де Гаме, Америга Веспучија, Марка Пола и других, савладавали су простор, грабили у непознато жељни славе и богатства. Славни путописци имали су нешто другачије мотиве – да прокрстаре светом и опишу нове крајеве; и наше земље походили су многи путници. Мисије небројених намерника обично су биле у служби науке или просвете, ретко уметности; можда су најчешће бивале извиднице какве најезде, предзнак насиља, водич покоравања...

Мирослав Мандић[*] припада најновијој, прорећеној генерацији светских путника (овде, наравно, изузимамо униформисане, серијске, инстант путнике – туристе, који у буљуцима тумарају светом, држећи у рукама неукусне, дречеће проспекте и шкљоцајући аутоматским фотоапаратима), којима древни зов пустоловине није знан. Са својим пројектом названим РУЖА ЛУТАЊА, који је у другој години трајања, а продужиће се још осам година, Мандић је аутор тренутно најзанимљивијег и најоригиналнијег, а вероватно и најтежег и најамбициознијег пројекта на свим континентима.

---

[*] Мирослав Мандић, рођен 1949. године у Новом Саду. Концептуални уметник и песник. Објавио десетак књига поезије. Овај текст о Мандићу објављен је у Билтену аутора број 17, XI 1993.

Од наших уметника који су активни на светској уметничкој позорници не видим никога сем Марине Абрамовић (која је недавно ходала дуж Кинеског зида). Никога ко би се могао поредити са Мандићем. Пре пар деценија по духу сличне, глобалне пројекте изводили су Јавашев, Лонг, Смитсон и други. На свом цикличном, концентричном, периодичном и бесконачном путовању по Европи, Мандић ипак и пре свега преваљује оне најтеже етапе – у себи самом. Као у неком живом, покретном огледалу, он испитује и проверава трагове, утиске и одсјаје предела кроз које је прошао. Он путује просторима који нам се чине тако познатим; ми, у ствари, познајемо само њихову форму, али не и душу. Мандић се усуђује да завири у суштину нашег света, ма каква она била. Он – уместо нас – поново раз-открива свет који нам изгледа поколебан, несређено, узнемирено, ваздушасто и неубедљиво, као да је изгубио смисао и ослонац.

Пре Мандића уметност није познавала тако успешан спој поезије и концепта. Уколико се његова делатност може сврстати (и) у концептуалну уметност, онда је потребно прецизирати да је тај концептуализам само инструмент у сигурној руци зрелог уметника. Мандићеви подухвати имају топлину, људскост, слојевитост, што досадашња концептуална пракса обично не постиже или пак досеже са приметном дозом усиљености, огољености, једносмерности и, што јој оправдано највише замерају – наглашеним конструктивизмом. На примеру летошњег Мандићевог рада „Споменик анонимним снагама љубави", препознајемо све најбоље особине његове уметности. Он је, као омаж Данилу Кишу, пројектовао и на терену „поставио" споменик, који се састоји од: ваздуха, видика, ветра, мириса, светла, облака, мисли, висине; негде на тераси од Суботице до Цетиња (оба града су важне тачке у Кишовој биографији). Од тада, ово Мандићево дело присутно је у простору, оно зрачи, чини овај свет другачијим, богатијим, иако није материјално; практично оно не постоји нигде, сем у Мандићевој имагинацији и у нашој доброј вољи – на шта Мандић увек рачуна.

Мандић ствара своју уметност целим својим бићем, свом снагом, тоталним ангажманом – без остатка. Он је у својој уметности 24 часа на дан. На свом делу он ради посвећено, аскетски, усредсређено, као неки старовремени проповедник. Мандић је посвећеник и свештеник своје уметности и уметности уопште. А слобода је главна компонента његове уметничке стратегије. Слобода духа пре свега, а слобода кретања посебно. Мандић је човек предузимљивог, динамичног духа, али и његово тело, његове ноге, плућа, корак – све необично складно и упорно следи мисао и сачињава једну целину, један моћан склоп који дела, креће се, вибрира, сања, осећа, пева, црта и осваја простор...

И све би то можда било недовољно да Мандић нема још један дар – да у језику, да у поезији сачува, забележи и на бриљантан начин реализује своје уметничке замисли. У својим белешкама с пута и у песмама он говори о доживљајима, призорима, осећањима, размишљањима о свету и о људима, а нарочито о уметности и уметницима.

Сада када нам је Свет недоступан, Мандић, уместо нас, свуда стиже. Он има снаге и начина, стила и маште да прекорачи све међе и лимесе које Свет и збиља ставе пред њега. Он Свет доживљава као место које је доступно и приступачно, које је дато добронамерним и стваралачким људима – да им буде Дом. Не питајући никога за допуштење, он се већ уселио и одомаћио у Свету, ма како нама одавде и сада тај Свет неприступачно изгледао.

новембар, 1993. год.

ЈОРДА – ЛИК ИЗ НЕНАПИСАНОГ РОМАНА ИЛИ ЧОВЕК СА СВОЈСТВИМА

Од 1979. године Ч. Ј. Јорда* и ја играмо се уметности, а живот се игра са нама.

Срећемо се ретко, само на удаљеним и необичним местима (или смо баш тамо желели и планирали да се нађемо?) – Кијев, Москва, Лењинград, Загреб, Тухељске Топлице, Аранђеловац, Скопље... Али, зато се дописујемо интензивно. Морам признати да је Јорда један од ретких правих „епистоларних" типова које сам уопште у животу срео. Уколико је сачувао бар део наше преписке (он је то дакако желео да учини, али никако није могао да оствари), онда ми је осигурао још неколико томова будућих сабраних дела).

У другом броју Билтена аутора (самиздат, Лучани, фебруар, 1980) Јорда је представљен једним концептуалним радом под насловом „Пакет папира", који се састојао од гомиле празних, неисписаних листова. У протеклим годинама Јорда је своје хартије приљежно попунио речима, реченицама, стиховима и строфама оригиналне поезије.

У једном писму, гоњен једним од својих не тако ретких напада претеривања (мада ни дан-данас нисам начисто, можда сам ипак говорио истину?), обећао сам Јорди да ће постати јунак једног мог књижевног дела, највероватније – романа. Што не обећах човеку кракту причу?! Можда грешим,

---
* Чедомир Јордановић-Јорда (Карловац, 1954), новинар, песник. Живи у Београду од 1994. године.

али чини ми се да је од тога момента Јорда прихватио свој надимак за званични уметнички псеудоним и почео да гледа на себе другачије, као да заиста може бити уметник, песник... И шта се десило? Од тада он ми уредно доставља документа о свом живљењу, све могуће податке који могу стати на хартију, све производе деловања државне бирократије итд. Јордин стварни лик бледи, губи се, а чвршће обрисе поприма факат ископан из какве архиве. У покушају да искушам своју фантазију, понашам се као да је сва та обимна грађа, писма, цртежи, решења, молбе/жалбе, фотоси, да је све то инсценирано, режирано, мистификовано из непознатих побуда. На тај начин постижем значајан напредак у намери да изоштрим главни лик „Фаме о Јорди".

Једно од најважнијих наших писама, златни плод 15-годишње кореспонденције, објавио сам у „Новим биографијама" (1987), у поглављу посвећеном Тесли. Био сам сигуран да се на Јорду увек могу ослонити, а мени су и иначе тако често неопходни спољни подстицаји, провере, печати, жигови, ожиљци. Био сам задовољан дометом — чуо сам се чак до Карловца! Моји вапаји и ламенти одзвањали су над зеленим водама Коране, а можда и даље... Никада се Јорди нећу довољно одужити и захвалити што је био први човек који је веровао у моја предузећа, у моја обећања, планове, снове, химбе. Он је знао, пре мене, да ћу урадити нешто од себе. Он је, тако далек, блед и папирнат, умео да ме охрабри и понесе преко високих зидова, оштрих препрека, гвоздених завеса.

Нико, на пример није веровао у моју идеју о галерији ПРОВИНЦИЈА, нико сем Јорде. Он је први послао свој велики, застакљени рад, три графичка листа, одлично опремљена (70×100); и ништа се на путу није скршило; дело је из руке у руку, превалило неколико стотина километара и стигло цело на одредиште. Сада та ствар виси у мом атељеу и сваки дан ме подсећа на свог пошиљаоца. Јорда ми отуд, са зида, непрестано сугерише да још увек није све пропало, да и даље постоји могућност, иако све мања и мања, да заиста заједно учинимо нешто, нешто добро, важно и јако. Та зерица наде, можда мања од капи у пуној чаши, јесте оно што нас држи и љуља на ивици памети.

Онда је стигла прва Јордина збирка песама под насловом *Дивљи див* (Карловац, 1987). Он је од нестварног кореспондента и латентног уметника израстао у чудесног и загонетног песника. То ми је донело велику радост. Читајући његове складне сонете и уредне сонетне венце, сукобио сам се извесним својим дефектом у апстрактном размишљању. Неко ко је у математици стигао тек до интеграла, а у шаху до средишњице, увек ће имати проблема са дешифровањем Јордине сложене, густе и тешке поезије. Али неко ко је донекле креирао Јордину уметничку личност, увек ће имати наклоност за плодове духа тог бића, макар оно и не било потпуно реално. (Јорда је објавио у сопственој наклади и другу књигу поезије под насловом *Гранични случај,* Карловац, 1993. и у њу уврстио и песме и документа о заједничкој несрећи, о лавини која се већ била захуктала и увелико рушила све пред собом.)

Марта месеца 1994. године Јорда стиже у Београд. Његов изненадни долазак и неизвестан статус, баца ме у велику бригу: како му помоћи, како га посаветовати, шта је најбоље учинити?... Данима грозничаво размишљам о томе, распитујем се код људи који су преживели исте страхоте, секирам се, нервира ме та општа гроза немоћи, разочаран сам – можда и због беде и мизерије која нас све окружује, куља и цери се са свих страна? – трзам се из сна, одбацујем неразумне идеје, лоше претпоствке... У том кошмару, у ком ни сам не знам како да спасем душу, пролећу месеци: април, мај, јун, јул, август, и сваки дан представља ново понижење, нови пораз... Ништа нисам смислио. Нити сам смогао снаге да Јорди напишем бар неколико охрабрујућих речи бар неколико топлих, разложних реченица. Ништа. Пре би се могло рећи да је он тешио мене и да је имао снаге да се обрадује неким малим стварима које су се десиле у међувремену... Схватио сам да је он, изненада, нагло, постао главни јунак у свом животу, један од актера сурове свакидашњице, новоизливени и учвршћени темељац сопственог погледа на свет, со нове, праве поезије, а, узгред, и истраживач престонице, авантуриста-аматер, радник у млиновима за кафу, профитер заглибљен у лепљиви и отужни талог домаћег напитка као у саму судбину и баштиник многих ружних али неопходних ствари.

У новом броју Билтена аутора (бр. 19, год. XV, Лучани август 1994) Јорда је представљен једним својим карактеристичним радом који се састоји од старих фотографија и нових стихова. Трагови недавног и садашњег страдања и одисеје једва и да се назиру, можда се више слуте. Када скупим снагу једног правог, грубог, суровог, стаменог романописца, описаћу неке епизоде Јординог страдања или ћу, као издавач, јер и то је могуће, зар није? – објавити по нешто из његовог обимног опуса.

20/21. август 1994. године

ЧУПАЊЕ ДУШЕ
ИЛИ О ЖРТВИ И ЏЕЛАТУ

Током 1993. године вајар Д. О. Јовићевић[*] издељао је велику серију глава. Све ове скулптуре – масивни, сферни, дрвени објекти – деформисане су мање или више, затим „нападнуте" страним телима која подсећају или заиста јесу: копља, сечива, клинови, завртњи, кочеви, секире... Глава као симбол снаге, објаве духа, свемира и савршенства, у Јовићевићевој интерпретацији намеће размишљање о жртви (и о одсутном џелату), а о одрубљеној глави побеђеног непријатеља (и о победнику-колекционару), о грозном царевом благу (и о поданицима који су то благо текли и стекли), о кулама и другим грађевинама озиданим од самих смакнутих глава (и о мајсторима који су те тврђаве градили и без виска и без мистрије), о духу (и о одсутном, трошном, пролазном телу), о сунцу (и о тмини и понору свемира), о садашњем сату, дану и трену (и о непојмљивој вечности)... Лијући сузе над овим главама које су се докотрљале ни из чега, срочио сам неколико једноставних реченица (далеко од молитве, још даље од неопходног ридања) о мученицима и о крвницима. Изложене главе представљају, у ствари, једног, свеопштег страдалника, а присутни гледаоци, мада нерадо, заузимају улогу тлачитеља и вичних угњетача:

Жртва је мирна, и смерна.

---

[*] Драган О. Јовићевић (Пожега, 1964), вајар, аутодидакт. Живи у Пожеги.

Сједињена, једном за свагда, са својом казном.

(Около се шуњају, пузе и плазе, све нове и нове хорде добровољних и вечно жедних крвопилаца.)

Жртва не осећа више никакав бол.

Последњи бол који јој је нанет био је онај којим јој је ишчупана душа. Ништа више. (Бол, онај непрекидни, љути, осећају, сада, џелати, који ходе, привидно слободни, около, шетају се као усрани голубови по непочин-пољу губилишта, али никако, ничим више не могу, и не покушавају, да прекину везе са својим страдалницима-двојницима.

Жртва се више ничега не плаши.

Страх је патнику тако далек, готово да се и не сећа.

Свака би се жртва слатко насмејала свим тим, пажљиво пробраним, ужасима којима је мучена.

(Џелат је онај који ће се вечно плашити. Мучитељ је онај који је вршком свог ножа додирнуо ужас, онај прави, бескрајни, и тако се заувек заразио. Од те пошасти никада се неће ратосиљати ма шта чинио.) Жртва је тиха. Тако тиха, тиша од пешчаника који сипи негде украј губилишта.

(Урла џелат, јер му последњи крик жртве не излази из слуха. Дере се и кричи, хрипа и ропће на крвавом жртвенику уместо страдалника кога је тако вешто и тако спремно подвргао мукама. Радо би дао своју главу са рамена само да тај врисак престане. Погубљени и даље ћути, не пристаје ни на какве нагодбе.)

Жртва је лепа. Сједињена је са шиљком глоговог коца. Срећна што је копље тако брижљиво припремљено: наоштрено, углачано, украшено. Задовољна што је за њен врат изабрана тако бритка сабља, витак мач, племенита ушица секире за крто теме, гиздав бодеж, као саливен за око, за грк-љан, за потиљак, тако тежак и силан буздован за наборано чело, за смежурано слепо око... Обред је дуго и брижљиво припреман, чак је и одећа џелата одлично скројена и мајсторски сашивена. Несрећник заиста нема никаквих примедби. (Ружан је крвник. Иако увек одсутан, мада увек измиче. Као да то нисмо ми. Као да то није нико. Ружна је и непријатна и та његова одсутност. И то кревељење пред напрслим, оловним огледалом. Ружан је његов одсутан поглед и црна марама на једном оку, оном којим је гледао преко мушице.)

На губилишту жртва губи само главу, а џелат губи све сем главе. На пустом и глувом стратишту крвник смакне главу мученику. Истим замахом одруби он и своју главурду, само што то неће никако да призна. Касније он свима додијава некаквим празним и грозним причама. „Главе, страве, главе-страве..." – муца он, али га нико не слуша и не схвата озбиљно. Јер, крвниково кајање је грозно, залудно. Његова главурда исцери се некаквом одвратном охолошћу и кад је отфикарен, нежно, вешто, сопственом, меканом и префињеном руком. Мучитељева жртва јесте смртни грех и никада се не прашта. Жртва признаје божију надмоћ и мучеништво је сједињује с Њим. А крвникова жртва је бесмислена и Бог је никада не прихвата. Али, човек, огрезао у греху, једнако се колеба и врлуда на Божијој стази – од страдалника до злостављача, од тиранина до поданика, и натраг. Тамо, амо, у круг.

март, 1994. год.

МУЗЕЈ ЉУДСКИХ ДУША

Владимир Дуњић* своје сликарство увек ставља на најтежу пробу. Мери га у односу на Вечност. Он своје фигуре смешта у чиста и ледена станишта Бескраја. Кристалне инсценације поставља у светле и празне рајске дубраве. У Вечности, у тој бесконачној матици времена, готово да нема разлике између Живота и Смрти. Рај и Пакао се укрштају, мешају и поистовећују. А сва многобројна људска Предузећа, посматрана са те дистанце, показују се као слабашна, пролазна, непотребна, па и сулуда. Пред капијом Закона фигура човека је заиста гротескна, па је таквом Дуњић и представља на већини својих слика. Бледе су, сасушене, спарушене и минорне „громаде" човекових открића, проналазака, сазнања, достигнућа, митова, илузија и заблуда. Дуњић у свом сликарству непрестано допуњава једну грађевину, некакав фантастичан Музеј људских душа и људске патње. Овај сликар је упоран и непопустљив у намери да раскринка и разголити сву ту нагомилану људску умишљеност, претенциозност и лицемерје.

Као један од кључева за разумевање Дуњићеве уметности може послужити присећање и језа, некакав непријатан утисак који изазивају хладне, мртве очи на његовим групним портретима, слеђени погледи на лицима са којих је ољуштен, сас-

---

* Владимир Дуњић (Чачак, 1957), академски сликар. Излагао више пута самостално и групно. Живи у Београду.

труган, ишчилео сваки израз, свако осећање. Њихов поглед, испод болно отшкринутих капака, као да садржи сву силу јада и беде и сво, невољно стечено, знање о одсуству и о недокучивости Смисла. Те фигуре бивших људи, напуштених дружбеника анђела, сугеришу нам да је свака радост пролазна, а да је очај вечан.

Један од мотива којима се Дуњић више пута враћа јесте – Зелени анђео. То фантастично биће, ни пали анђео, ни анђео чувар, ружно је, старо, истрошено, немоћно, али не мање грозно и застрашујуће. То је анђео који није отпао од Творца, него је Творац, у својој блаженој расејаности, заборавио на њега. Пред тим бићем које би требало да га теши, води, брани и на крају узнесе, човек се осећа потпуно беспомоћно, стидно. Покисла, слепљена анђеоска крила нису више знак какве моћи, него само лош костим. Човеколико биће подсечених и сломљених крила, уместо да подстакне и охрабри, тражи сажаљења за себе. У почетку замишљен и створен по божијем узору, под крај света човек је постао јадно, осакаћено биће, обескриљени, залутали анђео. У одајама и нишама Дуњићевог кафкијанског Замка, нема никаквог покрета, нема живости, нема Наде. Расположења су сведена или поништена. Позе сличне једна другој, неприродне, окоштале. У рајској хладовини полови су приближени, готово једнаки. Свеједно је да ли си жив или мртав ако си поражен. Уколико је пропала идеја људскости.

Круг је затворен – људи су се одрекли Бога, а Бог своје несрећне деце. Људска лоза сада је безимена и слободна да учини још оне преостале гадости и ужасе који случајно нису учињени. И кад се досегне највећа слобода у леденом рајском насељу или у утуљеном и засутом Паклу – што је сведено на једно те исто – то значи: не чинити ништа. Стајати и гледати усахлим очима, једино је што нам још преостаје. Негативност, мир, слеђеност, једина је извесност коју нам нуди и открива Дуњић на својим сликама. Безразложно обитавање у Рају који више подсећа на напуштени циркус украшен огледалцима и лицидарским шарама. Илити боравњење у Паклу чије су овештале кулисе подигнуте на Потемкиновом коњу. К томе потребно је додати још по који цитат или сцену из Сервантесовог, Гогољевог или Пиранделовог комада коју, уморно, успорено и преко воље, игра путујуће позориште на тргу Мртвог града. Све је туробно, тихо и хладно.

Определивши се да слика човека пред судом Вечности, Дуњић је у ствари одлучио да слика оне позе, гримасе, маске, дакле све оне остатке, фрагменте и крхотине, све оно што још преостане од људског лика, дела и фигуре после коначне пресуде. И како може да изгледа човек после тог страхотног чина него: застрашујуће ледено, празно, испрано, испразно, аређе – надуто, надмено; затичемо га и како ужива у својој усамљености; погдегде не може да сакрије свој приглупи притајени смешак. Призоре и поставке на својим сликама Дуњић аранжира са тананим осећајем за иронију. Та ароганција и цинизам ружних, самозадовољних, лоших људи. Та лица која срећемо и гледамо свуда око себе. Те креатуре које не успевају да прикрију своје неваљалство, беду и јад. Те фаце које промичу улицом и у стаклима излога кезе се својој унутрашњој грдоби. На Дуњићевим сликама, неосетно, лагано, иронија прераста у сарказам, а фарса се преображава у гротеску. Не служећи се никаквим заслепљујућим триковима или вулгарним атракцијама, Дуњић супериорно постиже утисак гротескности у једној од најизворнијих верзија виђених у српском сликарству. Дуњић показује и доказује да гротекса може бити префињено средство у рукама уметника. Наспрам Бошове,

Раблеове или Винаверове, Дуњићева гротекса је смерна, уздржана, прохладна, али, таква, ипак није ништа мање отровна, оштра, погубна, па и разарајућа. Дуњић убедљиво, па и виртуозно, уз не мали ризик, да неће бити правилно схваћен, остварује нову варијанту гротеске, која не мора увек бити распојасана, гнусна, пуна галаме и ритма, на самој граници доброг укуса или порнографије. Осим Пекићевих сотија, Булатовићевих бурлески у књижевности, а насупрот њима – призора и пејзажа Boje Станића и галерије наказа Дада Ђурића, нема примера успешније спроведене гротеске или горке, црнохуморне фарсе у савременом српском сликарству.

За Владимира Дуњића сликање је превасходно духовни чин, процес дубоке контемплације, сложено и компликовано мисаоно и емотивно стање, које, слично молитви, води ка очишћењу. Као плод и исход те катарзе откривамо ликовна дела, слике и циклусе слика јасног садржаја и перфектне и минуциозне реализације.

ПРОКОПИЕВ У МАК-ХЕДОНИЈИ

Не, не би ме изненадило да Прокопиев[*] предузме некакав необичан подухват, сасвим на ивици авантуре. Његова верност алтернативи, рокенролу и андерграунду наводи ме да размишљам о некој врсти његове неприлагођености, о измицању изван правила понашања, о презирању клишеа. Има нас неколицина који се отимамо било каквој присили, тражимо место, слободу, недодирљивост. Не тражите од нас да напишемо бестселере! Али нешто потпуно ново, необично, фантастично – то у сваком тренутку очекујте од нас. То што ми стварамо биће препознато и дочекано с одушевљењем, додуше тек у једном од наредних векова, када ће срећа бити нормална, свакодневна појава. А свако уметничко дело, било да је створено из каприца или личног задовољства аутора, биће третирано као драгоценост и опште, јавно добро. Само што тада нико неће умети да снесе јаје-дијамант. А роботи ће, на задату тему, за пола сата, компоновати симфоније, али то ће бити тако досадно да ће његови власници већ после првих тактова бити принуђени да притисну дугме STOP. Не, не би ме изненадило да Прокопиев...

Прокопиев је космополита par excellence! У доба када бујају националне страсти бити космопо-

---

[*] Александар Прокопиев (1953, Скопље), приповедач и есејиста. Његову књигу *Ars Amatoria*, десет прича о љубави, објавила је Геопоетика, Београд, 1997. год. Живи у Скопљу.

лита није нарочито пробитачно, а понегде у нашем блиском окружењу, тако нешто може бити погубно. Грађанин света и околине. Подједнако добро он се осећа и у Београду, и у Паризу, и у Софији, и у Лондону. Подједнако ужива у заласку сунца над Јадраном, као и над Охридом. Лепо му је у сливу Вардара, али одлично плива и на валовима лепог плавог Дунава или које друге рајске реке. Он има пријатеље широм света. Има људе који га разумеју и воле. Становник космоса и вас целе васељене!

Прокопиев је мултимедијалиста. Он меша медије, миксује. Он слободно укршта поезију, музику, театар, плес и још којешта. Он све конце једне представе, перформанса држи у својим рукама. А онда их пусти да се замрсе, да се преплићу, да се одмотавају и намотавају. Тако он направи представу алтернативног позоришта, као да је то сасвим лако. Њему је довољно да се држи напева кога је чуо у детињству од своје баке. Не треба му ништа више до комад фине, гримизне тканине, или нека буде плави, свилени шал, марама, било шта. Онда крену успомене, асоцијације, радња се развија, призори надовезују. Тако настају представе његовог алтернативног позоришта.

Прокопиев је хедониста. Становник фантастичне земље Хедоније. Он је истраживач егзотичних предела уживања и проналазач нових и непознатих задовољстава. Његов хедонизам је здрав, крепак. Једноставно, он пружа шансу свим својим чулима. А, хвала Богу, има их читаво туце!

Прокопиев је доктор за бајке. Специјалиста дечјих прича и успаванки. Мало је таквих познавалаца народног предања, бајки и легенди какав је Прокопиев. Он је одани поштовалац народне фантазије. Не запоставља, гаји и разиграва и сопствену имагинацију. Сваког јутра он каже у огледало: – Добро јутро, моја машто! Сваке вечери он поздравља своје снове: – Лаку ноћ, памети. Добро вече, добри снови!

Прокопиев, власник множине псеудонима, велики је сладокусац. Он уме да ужива у јелу и пићу. Прави џентлмен-гурман. Облапоран тип. Јешник. Лепа јела, лепо вари. За трпезом, између залогаја, спреман је да импровизује оду сутлијашу. Може сатима да прича о циметастим дућанима Бруна Шулца. Диже у небо таратор, урмашице или бозу. Одмах диктира место, време и јеловник који ће на најбољи начин представити кухињу Леванта. Вина су му посебна слабост. Бела и црвена можда нешто мање. Али, црна... На његовом језику, под непцима те густе, миришљаве, сласне текућине проналазе сав смисао, побуду и сврху сопственог постојања. А тек посластице! Да није постао приповедач и зналац бајки, сигурно би био – посластичар. Кувар са круном на глави. Колачар егзибиционист! Колекционар лицидарских срдаца који увек конзумира своју збирку, осим гледалаца и стаклених перли (или заједно с њима?!). Да није почео да пише, био би светски енолог, славни теоретичар токајца, подрумар македонских стоних полуслатких, генерални инспектор вршачког и иних виногорја, врховни дегустатор шампањца, одгајивач лозе Прокопије (Проко пије!) и славни виноградар, први после Рабиндранта Тагоре. Он би се тако нежно бринуо да се култивише фрушкогорски и охридски бисер. А тек о цеђењу, превирању и поступцима за очување букеа и да не говоримо. Он презире испичутуре, ракијаше, пивопије, али када у близини нема ни капи његовог омиљеног вина, он вам неће одбити какав коњак племенитог соја или шкотски виски. Како да не?!

Да, Прокопиев вам је један од смернијих Бахових пратилаца. Он зна шта је љубав, шта је занос, шта страст. Он вам је еротоман, попут Црњанског. Склон је да подлегне љубавној помами. Он добро зна које су чулне дубине људске природе. Зато му верујем. Увек више верујем некоме ко је на трагу Црњанског, него ономе ко слави Андрића. Ко има узбуркану крв, живахност и ерос, ко је бивао инспирисан Бокачом или Казановом, умеће да напише роман, у то чврсто верујем. Умеће да напише убедљиву, животну, топлу књигу. А шта бисте хтели више?

Прокопиев, алијас Алек Прок, ексцентрични је возач народног аутомобила! Хитро вози десном и левом страном улице. Пролази кроз црвено подједнако често као и кроз зелено. Наранџасто га оставља равнодушним. Као по правилу, половину пута прелази возећи тротоаром. Лудо вози! Ноћу вози брже и луђе! Не тражите од њега возачку дозволу; зар је мајсторима и чаробњацима потребна дозвола?! Ко није осетио чари његовог шоферирања, тај не зна шта је Aequilibrium indifferetiae. Ах, тај ход и игра по конопцу разапетом изнад провалије Ноћи! Љуљање на трапезу у полумраку циркуса „Colorado". Ко се није возио у пишчевом фолксвагену, тај не зна шта је хазард. Игра са равнотежом и са срећом. За дивно чудо, он увек стиже на одредиште. Има ту неке мађије.

Прокопиев, ко је он? Тек пишући приче он отвара своју душу и показује њене највредније и најплеменитије слојеве. Он никад не крије и никад не штеди своја осећања, напротив. У есејима открива озбиљност свог размишљања. И доследност. На први поглед делује опуштено, нехајно. Међутим, он упорно и доследно пише и размишља о неколиким темама. Савремена домаћа и светска књижевност, фантастика, алтернатива, феномени свакидашњице...

Прокопиев, ко је он? Сматрам га својим великим пријатељем. Он је човек од поверења. Могао бих да му поверим било коју своју тајну или дилему или страст. Пристао је да разменимо, да укрстимо поетике. Да пишемо заједно и да уживамо у тој сарадњи. У пријатељству, занату најстаријем.

Prokopieff? Зар то није француски писац, погледајте само стил, теме, мотиве? Да, заиста би могао бити. Час ми се опет учини, осмотрите његов тен, ослушните акценат, да је мелез, хиспаноамериканац, Колумбијац, песник, естета, то је. А онда помислим да је Њујорк град за њега, као да је управо пристигао оданде, бар се понаша блазирано, препотентно, надобудно, као да је отуд, из Главног – Града – Целог – Света. И тада ми падне на памет ко је он, како се раније нисам сетио: Македонац луталица; одасвуд помало, а у бити – ниоткуд. Цео свет је његов дом. Сви смо ми једна породица! Треба стићи на партију која управо почиње у Солуну, у Александрији, било где. Одиграти симултанку живота, до последњег потеза. Ни једно море прича није га задржало за себе. Ни један океан: Велики, Тихи, Шехерезадин, није био довољно велики, тих, тајанствен, прозиран, лековит да би се он задржао на његовом хоризонту. У мислима, он плови даље. Дубље. Ко може обуздати његову машту? Страсно, даље. До краја.

Алек Прокоп? Како да не! Певали смо и пили целе ноћи.

Најчешће седи „Код плавог папагаја".Ређе „Код златног руна". А виђен је како одлази „К. Хиперборејцима". Често седне за клавир. Нико га не зове, он то сам. Онда, лом, до зоре. Уз пламен свеће и вино кувано с каранфилчићем расправљамо о Броху или о Кортасару све док не сване. Кад се дохвати своје теме о укрштању и сукобу древних и модерних митова, не одустаје, не попушта, ламентира, инвоцира, монолог се продужава док саговорник не задрема. Хеј, идемо даље! Мењамо локал, мењамо свет!

Прокопије, он је мој друг! Не бих се изненадио да реши да режира целовечерњи играни филм. Да крене на службени пут на Јужни пол, иза Беле завесе А. Г. Пима. Да узме одсуство на Институту за македонску литературу и да неко време проведе са путујућим музичарима који узгред и глуме, импровизују позоришне представе тамо где се затекну. У Крушеву, у Крушедолу, у Крушевцу, било где. Можда ћемо ускоро поново заједно јездити отвореним пољем прича? Он на Пегазу, тој старој мазги, а ја на гојеном Лабуду. Тако ми недостаје његова ведрина. Утркиваћемо се. Биће то поштена утакмица. Реч он, реч ја, пасус он, пасус ја, слику по слику, фрагмент по фрагмент, написаћемо опет нешто. Разгибаћемо бар, освежити, обогатити један другом поетике. То ће бити најлепше дружење. И то ће бити сасвим довољно.

у Лучанији, августа 1996. године

СЕДМИ ТАЛАС

БОРХЕС И БОРХЕСОВЦИ, ДЕСЕТ ГОДИНА КАСНИЈЕ

Борхес је своју „Свеопшту историју бешчашћа" закључио 1935. године, а свет је наставио да исписује све нова и нова, све ужаснија и ужаснија поглавља – Други светски рат, Хирошима, Аушвиц, Јасеновац, гвоздена завеса, хладни рат, локални ратови – настављајући посао самоуништења до дана данашњег, до грађанског рата који је беснео у нашем суседству и чија се згаришта још пуше, а дубоке ране тек што су прекривене беличастом скрамом свежих, болних ожиљака. Своје најбоље приче Борхес је написао уочи и за време Другог светског рата – Кружне развалине, Лутрија у Вавилону, Врт са стазама што се рачвају, Смрт и бусола – а прва његова књига појавила се код нас двадесетак година касније и, затим, још отприлике једну деценију остала непримећена и несхваћена. Тек 70-их година почиње код нас права Борхесова рецепција, појављују се први Борхесовци, а онда нас запљускује и велики талас хиспаноамеричке литературе, пристижу Маркесове, Кортасарове, Љосине, Фуентесове књиге (Хуан Рулфо пристигао је нешто раније), као и књиге других аутора из земаља Јужне Америке. Али нико се не отима да буде Маркесовац или Кортасаровац, а многи желе да буду – Борхесовци.

Признајем да је Борхес један од мојих духовних отаца. Више текстова написао сам под директним или индиректним његовим утицајем. Међутим, како сам се дохватио стваралачке зрелости покушавао сам у више наврата и на разне начине да изађем из сенке ауторитета и учитеља кога сам сâм изабрао. У мојој књизи *Нове биографије* (Просвета, Београд, 1987) постоји наравно и Нова биографија Х. Л. Борхеса, са једним особеним детаљем у наслову – (1899–1984), али ту моју игру са датумима нико није приметио; Борхес је живео две године дуже него што сам ја „пророковао". Мој обрачун с Њим, с мојим Учитељем, можда сам најбоље, најсажетије и најборхесовскије приказао у једној од најкраћих прича које сам икада написао; њен наслов је

АТЕНТАТ НА БОРХЕСОВОГ ДВОЈНИКА

А цела прича, од речи до речи, гласи: „Имао сам генијалну замисао да причу под овим насловом уопште не напишем". И нисам! Сада могу себи да честитам на томе. Свега 12 речи! И оних неколико хиљада које сам успео да прећутим. Јер, слатко је бити Борхесовац, али тешко је измаћи његовој гравитацији. Он проповеда слободу стварања, а пре свих слободу форме или борхесовским речником речено – он проповеда уздржавање од избора било какве форме, што је један из читавог низа чистих концепата којима његова проза заиста обилује више од било чије прозе ХХ века, пре и после њега. Зашто се Борхесови ученици и следбеници понекад осећају спутаним, ограниченим? Зато што је Борхес умео да потроши највећи део слободе коју је нудио свима. Лавовски део борхесовштине исцрпео је сам Борхес пишући своје кратке приче. Постати Борхесовац у младеначком жару, у игри или у некој врсти доколице, као да је била коб бачена на неколицину писаца моје генерације (рођени око 1950. и касније, почели да објављују 80-тих година). Било је заиста врло тешко и мучно отети се и спасти из родитељског загрљаја када је постао погубан, када је почео да гуши и да одузима дах.

Преминулом Учитељу издао сам подушје годину дана после смрти, сачинивши специјални број „Билтена аутора", наравно, под неизбежним насловом – БОРХЕС И ЈА. Ни ту није био завршен мој обрачун с њим. Још извесно време наставио сам, признајем, да исписујем све оно што је Борхес намеравао да напише, али није стигао. Неко од нас морао је тиме да се позабави. Пошто смо савладали Борхесов комплекс, уз помоћ Албахаријеве антологије (*Савремена светска прича*, Градац, Чачак, 1979), као и мађионичарских вештина и уредничких и преводилачких аргумената које није наш колега потезао испод своје пелерине, упали смо у мреже и замке „младе српске прозе" (А. Јерков: *Господар прича*, Република, Загреб, 1984), а нешто касније догурали до „тренда" и „дискурса" постмодерне. Признајем да је било занимљивих и инспиративних епизода на том путешествију. Колико видим из ове тачке и са овог чвора, свако од нас наставиће даље својим путем...

Ако бих морао да набројим неколико главних особина Борхесове прозе, определио бих се овако: она је бриљантна, кристално јасна, кратка и ефектна. И – концептуална!

Ко каже да Борхес није писао романе?! Неколико његових прича сажети су, сабијени, концептуални романи – *TLON UQBAR ORBIS TERTIUS,* Пјер Менар писац Кихота, вавилонска библиотека, Фунес или памћење, *ET COETERA* – све су то романи по ономе шта носе у себи, на колико начина могу да се читају, колико слојева имају итд, итд. Талас латиноамеричке литературе, без обзира на локални колорит и специфичну арому, европскији је од свега што се у исто време дешава у Европи. Тај колосални ехо који је стигао преко Атлантика, одјек је који садржи све најбоље и највредније у европској култури, традицији и миту, само сто пута чистије, убедљивије, искреније. Јужноамеричку књижевност пишу деца која желе да задиве надобудног родитеља. Изгубљени и заборављени пасторци доносе Европи незаслужену светлост.

А оно што је писао Борхес, то је Европа дигнута на куб!

јун, 1996. год.

ЗАНОС, НАРКОЗА
И УМЕТНОСТ ПРИПОВЕДАЊА

> Приповетке дакле? Ако сте баш
> вољни приповедаћу вам. Приправи-
> те уши да их напуним наркозом мо-
> је приповести.
>
> Л. Костић: *Мученица*, 1863

У гласу сваког савременог приповедача, ма како он модеран или постмодеран био, требало би да се чују и препознају, да зборе, бију и да одјекују, да вибрирају, да се комешају и да живе гласови многих наших предака, саплеменика и сапатника. А уз њих и јаки и јасни гласови и мисли уметничких и књижевних претеча, браће по језику и по перу, блиских рођака по вокацији, осећањима и по крви, саговорника и истомишљеника о основним литерарним вредностима и осећају за стварност. Неопходни гласови у том хору јесу: пресвисли Ускоковић, заборављени Милета Јакшић, млади Нушић, витки Растко Петровић, жестоки Црњански, плахи, виспрени и духовити Винавер, господствени Настасијевић са својом браћом и толики други. „Наркоза приповедања" о којој говори и Лаза Костић, то је занос, неизвесност, напетост и опијеност темом, док се дело развија а текст исписује у свом заметку, у првој верзији. Дело које не садржи нимало приповедачке „наркозе" (по Костићу), није вредно пажње, није уметничко дело које изгара неким посебним, унутрашњим пламеном. Драгоцени су, наравно, и ствараоци из тзв. „другог корпуса", писци вечито у сенци оних најбољих, врхунских, антологијских; они који сачињавају „фронт националне књижевности", сви они који образују културни миље и подстичу, загревају и одржавају стваралачку атмосферу. Како време одмиче, све мање је прозаиста и књига које се задржавају у жижи опште пажње, а све је више оних које тону у сенку и у заборав. Међутим, никада нећемо бити толико богати да се можемо лишити имена као што су: Светозар Ћоровић, Станислав Краков, Григорије Божовић или Љубомир Мицић.

Савремена проза озбиљно рачуна и на један релативно нов и недовољно истражен феномен, на предности које пружа ваљано коришћење и приступ појму контекстуалности. Наиме, савремена проза не уводи у текст ништа што није заиста неопходно. Све што се подразумева, све што је општепознато, оно што припада миту, затим заједничком исконском сећању, неопходном знању и обавештености читалаца – не улази у текст. Најбољи примери савремене српске прозе, дела настала из пера Павића, Пекића, Киша или Албахарија, Басаре, Петковића и других, потврђују да је – парадоксално! – већина значења остала изван текста. И на ову појаву морамо се навићи, као на предност и достигнуће савремене прозне уметности.

Предмет интересовања савремене српске књижевности јесте врло често уметност сама, а затим и личности и ликови из тог света: песници, сликари, композитори, глумци итд. У последњој деценији исписане су „нове" биографије: С. Далија, Х. Л. Борхеса, Л. Н. Толстоја, Џ. Џојса, Н. Тесле, М. Монро, Л. Костића и многих других. И пре но што стигне до писца књижевна грађа претрпи вишеструко прочишћавање, неку врсту „духовне дестилације". Преображаји докумената у уметничка дела последица су деловања или памћења: сведока, новинара, историчара, сниматеља, документариста, филмских режисера. Нарамци досијеа који стижу до писца из историјских архива и из других извора, представљају инспиративну грађу од које аутор полази, али које наравно не мора слепо да се држи. Моје лично искуство казује да је боље сва та избрушена сећања, деривате меморије, посматрати као последице деловања демона сна Хипноса (али и другог, ништа мање моћног демона јаве по имену – Случај Комедијант). Цртице, вињете, слике, прозне медаљоне, крокије, скице, фрагменте, кадрове до којих је дошао писац може да колажира, да монтира, да компонује, да „зида", да развија, да распоређује као потезе у партији шаха. Моје искуство са књижевном грађом, нарочито оном о Лази Костићу, занимљиво је и карактеристично за књижевност постмодерног доба. У замишљеној трилогији о Костићу намеравам а и принуђен сам да дам известан допринос истраживања прозне форме и књижевних жанрова:

– *књига прва:* ПРИЧИНА КОСТИЋЕВА, ЛЕОНОРА
Роман Сна, Хрмоније и Симетрије отворена прозна поставка;

– *књига друга:* ГЛАСОВИ У ГРОТЛУ НОЋИ
Роман одјека, укрштаја и сломљених огледала лучанска микстура текстова и жанрова;

– *књига трећа:* ЖЕНИДБА И АГОНИЈА ПУРПУРНОГ АРХИПЕТЛА
Роман без муке у сто кратких прича а жанр се колеба од сотије и гротеске све до фантазмагорије.

Закључак би био да савремени прозни писац не углављује своју тему у неку овешталу, превазиђену уметничку форму, него – према свом осећају и потреби – обликује нови жанр, нови оквир или комбинацију жанрова, поправља и подешава све док не добије оно што му потпуно одговара.

Одувек сам се залагао за слободне, ослобођене, потпуно слободне и разигране прозне форме. Такође, предњачио сам дајући приоритет отвореној, динамичној, флексибилној форми, форми која се може дорадити, дотерати, кориговати. Мој идеал је – отворено дело. Дешава се да од кратке приче настане приповетка или новела, од новеле роман. Намеравам да наставим да радим на многим својим већ објављеним текстовима. Од приче „Галерија наказа" требало би да настане књига – *ЉУДСКИ СОЈ*. Увек се понека кратка прича појави, прелије у нову књигу, под новим насловом. Приповетка „Година 1895, јесен" написана је као – венац од 14 кратких прича; како је време одмицало она се преображавала: од новеле у позоришни комад, из сценарија за филм у роман, нарочито – роман без муке!

Моја генерација прозаиста одавно је из „младе српске прозе" прешла у средњу и средовечну генерацију српских писаца. Оно што је лепо и добро јесте да су се иза нас појавиле бар још две генерације талентованих колега. У последњем таласу најмлађих поданика прозне уметности налазе се следећи аутори: Горан Петровић из Краљева, Слободан Илић из Горњег Милановца, Ненад Милошевић из Земуна, Јанко Левнајић из Ваљева, Дарко Калезић из Београда, Владан Матијевић и Милен Алемпијевић из Чачка, Петар Арбутина из Чајетине и други. Они су се потврђивали наградама на књижевним конкурсима или су објавили по једну или две књиге. Новим именима која се појављују српска проза потврђује своју виталност и добија основане залоге за лепу будућност.

мај, 1995. године

РАСКЛАПАЊЕ ВЕТРЕЊАЧА

I
Уочи смака света

Увек је било спора између поетика „уколико се тако може и сме рећи), између епоха које су смењивале једна другу, које су се у историји књижевности и уметности надовезивале, наслањале, појављивале, ишле једна после друге. Оне су се заиста бориле за своје место под сунцем, не жалећи гласове и главе својих твораца, заступника, обожавалаца, обичних чланова, вођа, теоретичара, истакнутих стваралаца. Аутори нових концепата трудили су се да замене овештале, ученици да се покажу паметнијим и моћнијим од својих учитеља, млади да потисну старе, модерни – конзервативне, национални – мундијалисте, онеиристи – реалисте и тако даље и тако даље... И обратно!

Тренутни однос снага, па и када се учини да представља равнотежу или склад, никако не значи да ће заувек бити уписан у историју уметности. Промене, преокрети, ревизије, револуције, след бурних, непредвидљивих догађаја или озбиљна, темељна, научна истраживања, открића непознатих, заборављених или запостављених стваралаца и њихових дела, доводили су и доводе до изненадних, неочекиваних, радикалних промена, реафирмације уметника или праваца, група или читавих покрета. У неком тренутку догоди се да читава једна уметност буде проглашена неподобном, скаредном, недостојном. А после само неколико година иста дела тумаче се сасвим другачије, изводе се супротни закључци, доказују нове теорије.

Наравно, неминовни су и застоји, предаси, опадање, декаденција, замор материјала, понављање, имитирање, копирање. Када се снага једне културе истроши, исцрпи, када се ствараоци поникли у једном поднебљу прореде или им понестане воље, они трагају за новим импулсима, за егзотичним, непознатим и неистраженим крајевима. Европска култура и уметност неколико пута је само у новој ери налазила „свежу крв", нове мотиве, нове боје и другачија светла на југу, на западу или на истоку (а зашто никада не на северу, у Хипербореји?), као и на другим забаченим и необичним местима. Народна, племенска, наивна, примитивна уметност такође је пружала утеху, решење, наду; управо је својом древношћу и везаношћу за Земљу указивала уметницима куда би требало да крену, шта да гледају, како да се понашају, шта да чине са собом и са својом уметношћу.

И код нас су се слични процеси одвијали, жешћи или умеренији сукоби букнули би па би се утишали. Тзв. *случајеви* који би могли бити индикативни за препознавање феномена, искрсавали су ту и тамо на домаћој уметничкој сцени више пута у последњим деценијама XX века и то са различитим ефектима. Или без икаквих ефеката. Без резултата, без исхода. Тресла се гора – родио се миш! Често се радило о унутарпартијским обрачунима, о фракцијашењу, о слабим пропламсајима различитог или супротног мишљења. Али, све је то угушивано, затирано, онемогућавано и – заборављано... У том светлуцању, искрењу и у игрању мачке с мишевима прошло нам је равно пола века. Моји исписници, рођени 1950. или мало пре или мало касније, Титови пионири, акцијаши и самоуправљачи, трошкаре последње године XX века (III миленијума, као да је па то много битно). Збуњени, исцрпени, залуђени закорачају и стидљиво погледају преко баријере која се зове „2000". Фаталисти дотерују часовнике како их заказани СМАК СВЕТА не би изненадио, затекао неспремне. Не би ме зачудио НОВИ ПОТОП. Не бих се изненадио ДОЛАСКУ МЕСИЈЕ. Ништа ме више не може импресионирати. Осећам се кривим! Стидим се због свега што су чинили људи, због свега што чине моја браћа. И једино ће ме стид надживети. Једино стид...

II

Бура у чаши вина

Увек сам био за промене. Одушевљавале су ме нове ствари. Све ново на свету. Па и у уметности. Чини ми се да још нисам изгубљен, да нисам престар јер још увек могу да поднесем – промене. Могу да разумем и старије и млађе. Старији су у цајтноту, у процепу, распремају фиоке, присећају се, заборављају. Млађи журе, нестрпљиви су, брзоплети, нервозни, срчани, не трпе споре ритмове, тихе напеве, локалне рефрене. Што пре би да се ослободе провинцијалних баласта и опорог, тмастог окружења које их гуши. Али, плашим се да они неће разумети мене. Нас не разумеју, не читају старије колеге, претходници, а млађи, њима нисмо довољно убедљиви, нисмо њихови типови. Све је то већ виђено, отужно... Али је део наших живота. Од тих непријатних, непотребних, излишних ствари састоји се већи део живота. Како се отргнути из смртоносног загрљаја завичаја, језика, генерација, удружења, сапутника, отаџбине, света?... И бити сам. И бити само свој. „Бити сам, то је тајна открића. Бити сам, то је час када се рађају идеје!" – говорио је Тесла. Сам, оригиналан, хладан као лед, јак. Он би већ био Створитељев помоћник. Или бар изасланик Небеске Страже.

Тужни смо и невољни сведоци како су се „прогресивне снаге с половине XX века" проредиле, омлитавеле, оћелавиле, постале троме, како су постепено изгубиле револуционаран замах и ону опојну, младалачку снагу, како су атрофирале, претвориле се у бирократске олупине, у испразне галамџије чији гласови шупље одјекују на сопственом погребу, у потпуно ишчашене и анахроне појаве. „Пролетери свих земаља" и њихови трабанти стекли су и учврстили позиције не бирајући средства у борби за власт у свим друштвеним сегментима, просто речено: разјурили су или потаманили све своје противнике; затим су тежили да заведено и утврђено стање ствари, режим без гибања и промена, очувају и одрже што дуже. На крају XX века једва опстајемо на крхотинама њихове утопије, на рушевинама комунистичког царства. Нама је припала та мука и та част, нама се заломило да почнемо један дуг, тежак и незахвалан процес: рашчишћавања кружних развалина, крчења ђубришта које се нагомилало. Потребно је поново прочитати све и онда љуштити, гулити нагомилане, прикривене, свикле, замаскиране, труле, идеолошке слојеве са смежуране јабуке српске књижевности. Јабуке која се преобразила у бљутави, изгрижени огризак, са тек две-три смеђе семенке у центру.

И чим је тај посао – неминован, неизбежан! – најављен, почела је бура у чаши вина. А наш пехар је сада тако тесан. Нема места за шикару и жабокречину. Уколико бура потраје, више од пола садржаја, какав је да је, излиће се напоље. Ја сам ипак за љуљање. Макар и сам био избачен ван.

Оронули класици, пензионисани хероји, професионални борци и ослободиоци, навикли на подршку Централног комитета, журно прелиставају своју марксистичко-лењинистичку литературу, али никако да нађу нешто згодно, неку мисао, неки фрагмент, мото, нешто што би послужило као грудобран за контранапад. Најбоља одбрана је напад. А најбољи напад је контранапад. Толике књижурине, енциклопедије, лексикони, припремљени и штампани под будним оком партије и друга Старог. Ко ће сад то да мења, да исправља, допуњава? Свега им је већ доста. Осим старе славе. Ми, њихови потомци, наследници, читаоци, желимо само једну, врло просту ствар: да прочитамо шта у њиховим књигама заиста пише. Славодобитници, хероји рада, не желе ни да чују за то. Нема потребе, кажу. Ево вам наших нових наслова. Књиге једна гора од друге. Они пишу сасвим лоше и све лошије. Али, молим вас, стрпите се, тишина у читаоници! Док читамо, наглас, ваше ране радове. Што се узбуђујете пре времена. Још вам нисмо сасули истину у лице.

III

Почетак буне на страшила

Зар се не сећате тих апсурдних прича? Како су уметници одређивани, слати, делегирани вољом, милошћу и диктатом партије у уметничке кругове и у уметнике, директно! Без стида: „Одређен сам да снимам филмове!" С поносом: „А ја да сликам битке и победе!" Са сузама-захвалницама у очима: „Ја да клешем бисте хероја!" Као да је то нормално: „Ја да говорим пре-ко-ко ра-ра-радија!" Веселим, раздраганим гласом: „А ја да пишем романе!"... Други људи, никако способнији, можда само вернији, послушнији, оданији, одређени су и послати да воде привреду, да креирају политику, да стварају нову државу и све њене институције, да буду конзули и амбасадори. Они највернији, најхрабрији, слепо верни и лудо храбри – бачени су у пензију, склоњени у страну, приведени у спаваонице-касарне Новог Београда. Зашто и они нису позвани да раде било шта? Они би сугурно и слепо извршили и најтеже задатке. Зато што су завршили онај најважнији посао: докрајчили су и десетковали политичке и идеолошке противнике. Егзекутори су послати на вечите годишње одморе. Понизни послушници отишли су на службени пут без повратка. Њихова награда је да остану уз скут, зауздани, са кошем на чељустима, одбачени и ућуткани. Који други, нови посао може добити неко ко је једном био џелат?

Сећате ли се професионалних, путујућих народних хероја? Кога су они победили? На кога насртали голим рукама? На Хитлера, Мусолинија? Или на свог брата или оца? Чију су државу срушили, који поредак? Да нису можда рушили своју кућу? А тек реторика, иконографија и механизми њихове пропаганде?! Њихов речник остао је доследно ратни и деценијама после Другог светског рата: борба, победа, рат, противник, непријатељ, проливена крв, небројене жртве, херојске погибије, бункер, граната, јуриш... Ах, те провинцијске приредбе, прославе, годишњице, јубилеји. Како је то јадно и бедно изгледало, поглавито пред распад система, пред пропаст царства. То је стати па плакати. Ко је могао да истрпи све то, ту свакодневну торуру, ако не запуштене, неуке, залутале масе, тако су говорили: народне масе, радничке масе! И нико се није осећао потцењен, омаловажен, тако стрпан, сложен и набијен у ту масу. Добро, претурисмо и то некако преко главе...

И шта се дешава? Државни уметници, неки већ сопствени живи споменици, институти који ходају, решавају да још једном спасу свет, онако, на свој начин; ако не баш целу куглу земаљску, а оно бар овај наш крајичак на брдовитом Балкану: И шта је сад највећа опасност која нам прети? То вам је напаст постмодерне! Авет постмодернизма кружи планетом! Није, него. Ми пишемо приче, они дрмају државом, цепају је и прекрајају као да су је добили у мираз. Ми словом, они ћускијом. Ми хлебом и вином, они димом и маглом. И старачким небулозама.

Ко ће сад пуковнику да пише? Да му објасни да су му се отшиле, отпале еполете. А можда је заборавио да су га његови ражаловали? Кад ли то беше?... Никога нема уз њих, на њиховом путу, нико не креће њиховим трагом. Зашто? Зато што је њихова идеологија тј. њихова поетика „што је једно те исто): исцрпена, незанимљива, ограничена, посустала, јадна... Уместо њих, изабрали смо светске величине. Уместо њих одлучили смо се за најбоље и најоригиналније домаће писце и уметнике. Одбацујемо лажне величине, месије, политкомесаре. Бићемо своји онолико колико нам памет, таленат и машта дозволе. Добар дан, моја машто! У тебе се највише уздам. Ти ме никада нећеш изневерити.

IV

Успаванка за Старину Новака

Ми не желимо да се српска књижевност заврши са нама, као што сте ви прекратили и прекрајали југословенску како сте знали и умели и како је „негде горе, на високом нивоу" било решено. Наша је искрена жеља да се српска књижевност продужи и после нас. Наши претходници почињали су од почетка, поништавајући и исмевајући све „старо", све „реакционарно", све „декадентно". А сада су доживели да многи епитети и квалификације које су радо пришивали својим непријатељима, сачекају баш њих, одвојене су и спремљене и припадају само њима. Сами су криви што тако мало остављају за собом. Много су галамили, пуцали, дрљали папир и мрчили перо, али кад се све сабере – остаје тако мало. Много је времена изгубљено, а мало вредних ствари створено. Страћено је пола нашег века. Заузимали сте туђа места и нећете и не умете да се повучете у мировину. Стање мировања била би најбоља терапија за вас. Умукните већ једном! Тишина! Ионако више нико не слуша ваше празне приче. Доста је било. Владали сте, радили шта сте хтели, сада сјашите. И дон Кихот би се насмејао да вас види на тим ислуженим рагама, офуцаним, покислим пегазима. Нека вам Санчо Панса помогне да извучете чизметине из узенгија, да не скрхате вратове. Хајде на спавање. Лаку ноћ; но, но, неваљала, излапела децо!...

Епилог

Нису у сукобу поетике. У сукобу су људи, заступници, славодобитници, уставобранитељи, иконоборци, витезови са штитом или на њему, присташе, идолопоклоници поетика, уметничких праваца и, на крају крајева, идеологија... Не, нису поетике у сукобу, оне су апстракције, немају димензије, плутају зраком као лепе слике. Али људи умеју да се гложе, једва чекају да негде избије сукоб како би се што пре укључили, прискочили. Да задају који ударац. Да ударе с леђа. Да насрну на рођака, на брата. Кад једном крену ривали се боре слепо, као у неком заносу. Док не скрше вратове, док једни другима не дохакају. Тако је од кад је света и века. Млађи попреко гледају на старије. Нови реже на старе. Домаћи лају на стране, провинцијалци на оне из метропола, следбеници и носиоци урбаних поетика на оне који су остали везани за сеоски амбијент, за завичај и обрнуто... У жару борбе често се заборави ко шта заступа, шта брани, а шта намеће; али свог опонента ни по коју цену не губи са мушице, не оставља на миру. Краљ је го! Живео краљ!... Нема те поетике, тако добре, савршене, која ће остати чиста, недодирљива, изван било каквог спора. Поетике пролазе, а сукоби, расправе остају. Ко уме на том попришту да препозна уметност, ону праву, вечну. Нема разрешења, нема договора. И нема епилога. Има уметности.

августа, 1996. године у Лучанији

ТАЛАСИ, ТАЛАСИ...

КУЋИЦА ЗА ПТИЦЕ

Сваки писац јесте, у ствари, некакав вредни и упорни Сакупљач, Ослушкивач, креатура врло слична кир Јањи, само што његово благо нису новци, није ни сребро ни злато, него – речи и осим њих: мисли, слике, привиђења и снови. Ти одломци, сличице, разговори, приче, цртице, сав тај ПРОЗНИ МАТЕРИЈАЛ, све те хрпе и хрпице, низови и огрлице, свежњеви и нарамци, за које би неко неупућен лако могао помислити да су некакви отпаци без икакве вредности, јер су, уосталом, врло слични ђубрету – тако нагомилани и набацани без видљивог реда, пожутели, искрзани, прекривени финим слојем прашине и заборава, они служе само правим *мајсторима прозне минијатуре* да од тога лома и шкарта направе најчудесније и најзагонетније кратке приче. Ја сам један од њих – *специјалиста прозне минијатуре!*

Е, сад долази ново, важно питање: како повезати фрагменте које је Сакупљач, Ослушкивач и Посматрач напабирчио у својим приватним архивама, складиштима, магацинима старих новина, или – хајде да не претерујемо – у својим бележницама, у текама које лако могу стати у унутрашњи џеп сакоа?... Како повезати?!... Свако пронађе свој начин:

– неко се труди да му се СПОЈЕВИ, ВАРОВИ, ШАВОВИ и РЕЗОВИ не примећују, да се фрагменти стапају и претапају;

– неко више воли оштрији ритам, са паузама, прескоцима, тајм-аутима;

— неко воли две или више или неколико паралелних линија, које се логично, спонтано укрштају, преплићу, оспоравају;

— неко опет...

А ја, ја сам приметио да се моје приче, можда би се тако могло рећи – згушњавају, згрушавају, згрумуљичавају око нечега, око неке тачке где се нагомилају понекад у поveliком броју, око неке теме, око неког осећања или се, просто, нађу у свесци у којој извесно време водим дневник. Повод образовању тих целина може бити било шта, узрок тој појави привидно незнатан, причина мала, малена... али, сасвим довољна за почетак.

А кад дограбим тај златни кључић који као саливен належе у кључаоницу мале кутије, онда је већ све решено, смисао збирке заснован и мимо моје воље, и мени не преостаје ништа друго него да – испишем текст... Да, да, али није, наравно, једини циљ написати текст. Лако је писати. Ја се, међутим, трудим да градим, да стварам! Моји прозни фрагменти су цигле којима зидам зидине, свака прича је једна одаја са вратима, прозорима и свим другим што је неопходно, а књига је – грађевина која има своју јасну и чврсту конструкцију; додуше, ту и тамо штрчи понека греда, заборављене скеле или басамаци који не воде никуда; деси се да оманем па ми *Соба на домак вулкана* гледа на супротну страну, тамо где је само једна *Расцветана гранчица шљиве у стакленој чаши;* или – балкон са кога је требало да се види летња башта биоскопа ПРАГ, лебди над стадионом за мале спортове...

Али, ипак, све у свему, моје *колекције кратких прича* скупа са пробраним *илустрацијама*, сачињавају једну књигу – кућицу за птице, баш онакву какву сам желео да направим.

четвртак, 20. април 1995. године

ОДГАЂАЛО-ОТЕЗАЛО

Које су моје речи? Које речи најчешће помињем и зашто? Требало би да се увек, непрестано питам: које ли су речи у мојим текстовима? Зашто се тако често, тако упорно понављају? Јесу ли ми, тек тако, најдраже? Највише годе мом уху, угађају мом слуху? Да ли су заиста мелодиозне, милозвучне? Јесу ли древне, искрсле из заједничког памћења? Јесу ли нове, младе, тек зачете па одбачене на плочник жаргона? Јесу ли моје, личне, приватне? Или су туђе, опште, стране, напабирчене по речницима и лексиконима? Јесам ли их научио од мајке или од оца? Јесам ли их први пут чуо у породичном кругу или напољу, у свету? Да ли ме је њима научио мој стари, добри учитељ српског језика и краснописа? Или сам их покупио успут, узгред, ту и тамо од странаца, од случајних пролазника и мрачних, непознатих људи? Да ли ме моје речи разумеју, воле, подносе? Говоре ли оно што желим, што заустим или саме бирају и одлучују шта ћемо рећи? Какав је однос између нас – између мене и речи које сејем по празном белом папиру? Разумемо ли се? Јесмо ли блиски или далеки, посвађани, заваћени на крв, на нож? Казују ли оне заиста оно што прочитам пошто их запишем или нешто сасвим друго, своје, мени неразумљиво?

Неопходно је да их једном прикупим, дозовем, пребројим, па да проверим: ко су, шта су и шта желе од мене. То ћу морати да урадим кад-тад, а најбоље што пре, одмах... Покушавам да се присетим... *Можда, ваљда... Не знам, нисам сигуран, претпостављам... Али, или, осим, ако... Кад би било, волео бих да, када би могло... Већ, баш, још, тек...* То су само неке речи које неумерено често понављам. Колебам се које још од мојих најдражих речи да поменем. Непрестано су ми под језиком једне те исте, зује, јате се, ковитлају. Мресте, топе, слажу и разлажу. Ко ће им похватати ред и смисао?!... Када их ишчепркам, измамим, излијем, приморам да склизну с језика попут готово прозирне, сласне, глатке бомбоне, посластице духа отиснуте на преосетљивом своду меког непца, када их процедим кроз зубе, имам ли довољно поверења у њих? Јесу ли моје, млаке, присне? Или су: случајне, плод игре, каприца духа? Верују ли оне мени? Јесу ли, могу ли бити моја узданица?... *Остајем у недоумици... Моја сумња се продужава у недоглед... Неодлучан сам, оклевам... Што дуже размишљам моје двоумље расте и умножава се... Радо бих одложио избор за неку другу прилику... Одгађало! Отезало! Пишман! Превртљивац! Неподобник! Мудријаш у кривом огледалу! Провинцијални бистраћ! Колекционар отпалих, смежураних кринки! Површник! Пустолов у купатилу! Проналазач изгубљених случајева! Карикатура која хода! Философ за једнократну употребу! Ослободилац мрачних порива! Оснивач удружења у којима је једини члан! Подносилац извештаја! Хипно-морфиниста! Аутор IV Њутновог закона, који оспорава претходна три! Зимописац! Извештач са отказаних дешавања! Зачутао на свом писаћем столу! Путописац кроз прозор! Мољац-новелиста! Поклоник култа св. Романа! Приповедач-ћутолог! Оснивач и власник књижевног часописа „Празно"! Главно дело: „Каталог лудих идеја"! Мајстор прозне минијатуре (има роман исписан на палидрвцету, а припрема повест уписану на главу чиоде)!...*

... Све су то речи које казују више него што бих ја хтео... Њишем се, гибам између два значења, треперим између бесконачно много значења... Никако да се сетим, да се двоумим шта заправо хоћу да кажем... Посрћем од речи до речи. Тетурам се од смисла до бесмисла... Дижем се и поново падам... Лабав! Непостојан! Несталан! Неодлучан! Неверан! Неверан никоме, па ни себи!... И заиста, кад мало боље размислим, код мене је све у неким пред-осећањима, у наго-вештајима, у слутњама... Нема ни стварних догађаја. Све је измишљено, измаштано. Све само снови. Привиђења, опсене, призраци. Але и змајеви. Чудовишта у гаражи. Пун гепек врагова! Вампири похрањени у кутијама за ципеле марке „Коштана"... Нема ни главних личности. Нема ликова који се издвајају и узносе. Све се удваја, множи, па губи у гомили и метежу... Нема лепих људи – све саме наказе, уврнути, окоштали типови... Зашто не измислим некога ко би био вредан читаве прегршти лепих речи? Постоји ли у мојој машти неко коме бих упутио топле изразе наклоности?... Не, не могу да замислим. Не могу, још увек не могу да се сетим. Сачекаћу још мало... Ништа...

Речи су често немилосрдне, сурове према ономе ко их олако изговара. Не чекају оне да се ви приберете, да дођете себи, па да полако, смерно искажете нешто паметно, смислено. Не! Оне врло радо откривају оно што бисмо прећутали, а заташкавају, затиру, бришу оно што смо заиста желели да кажемо упињући се и тресући се од узалудног напора, док нам се жиле на врату и на челу затежу, напињу, набрекле до пуцања... Оне памте и истичу све оно што бисмо најрадије заборавили. Не праштају суровост и глупост. Режу као мач; често се деси да смртно озледе, да сурово казне онога ко неопрезно витла њиховим бритким, челичним сечивима... Знају да врло вешто прикрију оно што је очигледно. А кад хоће, постану прозирне као стакло. Међутим, кад се узјогуне, кад откажу послушност, остају непрозирне и тврде као антрацит... Памте много, само ако их ишчитавамо с поштовањем и тумачимо и разумевамо по слојевима. Као да се љуспају?! Њихова глеђ порозна је и слична лискуну. Неуком изгледају сплошно, слепљено, плитко, а зналцу откривају сву невероватну дубину и неочекиване димензије. Упорни тумачи у једном времену прочитају једно, а нови нараштаји траже и проналазе нешто сасвим друго, потпуно супротно, ново, непојмљиво...

Писци се превише често играју речима. А оне им онда, заузврат, прикљеште прсте, спале језик, откаче гласне жице. Не вреди викати и бусати се у прса – рећи ћеш само оно што речи хоће да кажу. Ни мање ни више од тога. Остало ти се броји у добре намере. Још боље, у златно ћутање! У мук у коме ћеш се на крају и сам изгубити...

ПОГОВОР

СПАСАВАЊЕ ГЛАВЕ

Раније сам покушавао да се спасем читањем. Кад већ не могу, а и нећу, да пишем, онда ми не преостаје ништа друго сем читања. Заклањао сам се, вешто, иза литературе, као иза неког стаменог и непрозирног штита. Та се охрана, једина коју имам, убрзо показала као крхка, непоуздана и пролазна. Потраје неко време, па избледи, нестане. Поново останем сам, изложен. Беспомоћан пред свим, небројеним, недаћама стварности и пред ругобама наших дана.

Домаћа књижница, скромна, приватна библиотека. Најлепши и најмирнији кутак у кући. Последњи тајни азил. Атол изгубљен негде далеко, у вечном архипелагу светске књижевности... Али, кад год склопим корице какве познате или тек откривене, нове књиге, чим ишчитам последњи пасус, последњу реч и последње слово штива које је било спас и лек – чаролија се распрсне, нестане бестрага... Моја потреба за читањем одавно је постала страст. Страст се преобразила у манију. А манија у зависност. Уколико књижевни часопис на који сам претплаћен касни само један дан, узнемирим се, руке ми дрхте, а поглед врлуда и мути се. Летњи месеци, када већина часописа не излази, посебно су тешки и пусти... Све док се некако не домогнем дневне, седмичне и месечне „дозе" на коју сам свикао...

У жељи да заташкам, да заварам свој јад, из досаде и као у неком очајању, посегао сам за књигама и писцима из домаће књижевности. Као да сам нешто тражио? Али, шта?! Као да је требало проверити неке ствари? Али, које?!... Нешто доцније, ту, скоро, пре неколико месеци, схватио сам да, у ствари, покушавам да пронађем и проберем своје претече. Претходнике и истомишљенике у књижевности којој сви заједно припадамо. Многи српски приповедачи заборављени су, запостављени или потцењени. Многи су, у својим раним радовима, правили врло занимљиве излете и експерименте. Почетком века Бранислав Нушић објавио је „Причу састављену маказама", Симо Матавуљ „Предмет за причу", а Милутин Ускоковић „Крај романа". Милица Јанковић потписала је „Туђу приповетку", Исидора Секулић „Сапутнике", Ксенија Атанасијевић „Филозофске фрагменте", а Даница Марковић „Психологију Анастасије Чудине" (необјављено). Милета Јакшић написао је приповетку „Светац који не помаже", Светозар Ћоровић „Записке једног заборављеног човјека", Раде Драинац „Стварност која се претворила у сан". Станислав Винавер објавио је књигу „Приче које су изгубиле равнотежу", а затим и прозу „Громобран свемира". Свет. Шумаревић објавио је роман концептуалне композиције „Сто једна страна", а Јефта Угричић повести „Из моје галерије", као и множину сасвим кратких прича од којих издвајамо "Crescendo poi diminuendo" (роман у писмима без речи)... Многи аутори, којих се српска књижевност одрекла из ових или оних разлога, биће свакако заступљени у некој будућој антологији приповедачке уметности која ће показати да је та нит, још једна златна жица српске традиције, дуга, много дужа него што се сада мисли, јака и непрекидна.

Износећи на видело огавни садржај пужа голаћа, узалудно покушавајући да спасем главу и душу, могао бих, само када бих имао снаге, да пишем текстове под следећим насловима: Љуљање и завитлавање, Поглед кроз иглене уши, Читање телефонског именика, О птицама које говоре, Невидљиви знаци пропадања, Исувише душе („Душа ми је спарушена као крилце слепог миша. Као стара дуванкеса начињена од свињске бешике, са неколико вунастих андрмоља на дну. Као празно гнездашће из кога су давно поиспадали голуждрави птићи. Као барица прљаве воде у пупку статуе наднаравне величине изумрле или затрвене немани, или заборављеног митског јунака одливеног у бронзи по нејасном сећању или сну, споменика обореног у најезди дивљих племена..."), Пауци у Потајнику, Књиге на писаћем столу, Успињање на Требевић, О хаосу и реду, О поводњу лоших вести („Слутим једну страшну Баријеру, брану, границу ка којој се тако сулудо хита, срља. Када се постигне та критична маса, када све везе буду загушене претераним обиљем информација, Свет ће се разлетети, распасти, експлодираће. Све те речи без покрића, импулси, дрхтаји и нечитљиви знаци, вапаји, одлетеће брзином светлости у космички зјап..."), Концерт за кишницу и стари, лимени олук, Рад на аутобиографији. Трагична судбина и дело Анђелије Лазаревић, Справа за производњу догађаја, Perpetuum mobile Исаила А. Петровића...

Чим одложим лектиру у којој тражим спас, чим дигнем поглед и одвојим перо с текста који управо пишем, ја излазим на испит из живота и -- падам. Сваког дана падам. Чим се пробудим, излазим на испит и падам. Какав грозан осећај. Све веће и веће клупче нелагоде и јада намотава се у мојој утроби, под ребрима... Још кад и кад напустио ме је мој гласовити осећај за хумор. Духовитост ми се одузела, шлогирала. Чему да се смејем? Не видим око себе никог ведрог, ништа весело. Никога са осмехом... Свако се забавио сопственим јадом. Свако обузет и забављен својим болом. Никога не брине туђа пропаст. Па макар тај туђинац био и рођени брат... Пријатељи се проредили, изгубили. Писма не добијам нити пишем. Није било тако давно, био сам прави мајстор кореспонденције. Умео сам, заиста, да пошаљем добру вест. И да примим још лепши одговор. А сад – ништа. Мукла тишина! Као пред још гору несрећу...

новембар 1995. године

БЕЛЕШКА О АУТОРУ

Миленко Пајић рођен је 1950. године у Београду. Објављене књиге: *Једноставни догађаји,* кратке приче, Просвета, Београд, 1982; *Нове биографије,* проза, Просвета, Београд, 1987; *Пут у Вавилон,* незавршени роман, еротичке композиције и друга искушења, Просвета, Београд, 1992; *Приче од прозирног ваздуха,* колекције кратких прича, Независна издања арх. Слбодана Машића, Београд, 1994; *Уметник у спавању,* проза, Прометеј, Нови Сад, 1994; *Причина и друга књига причине,* роман, Српска књижевна задруга, Београд, 1995; *Ја или неко други,* приче о детињству, Нолит, Београд, 1996; *Велика дама жели магловито јутро,* изабране приче, Кадињача, Ужице, 1996; *Женидба и агонија,* роман, Просвета, Београд, 1997; *Мерилин чита Уликса,* проза, Пешић и синови, Београд, 1998. Приређена издања: „Двојник у светској и домаћој књижевности", темат часописа Градац, број 52–53, Чачак, 1983; *Вежбање маште,* призори и догађаји из детињства и младости Николе Тесле, Културно просветна заједница, Ужице, 1996. Награде: Милутин Ускоковић, Ужице, 1995; Лаза Костић, Нови Сад, 1996. Живи у Лучанима, ради у Чачку.

САДРЖАЈ

Предговор
Грозни садржај пужа голаћа 7

Први талас
Уби ме празна реч 13
Таласи 16
Отац и син, очеви и синови 19
Ексери под Христовим ноктима 22
Читајући Киша и Хамваша 25
Ламент над лавабоом 28

Други талас
Срећно доба 33
Прича о сатовима 39
Нови крај приче „Љубавници леди Чатерли" 42
Нове мапе острва с благом 45
Урошева прича „Продавац шкољки" 50

Трећи талас
Уздржавање 55
Вирус заборава 57
Једноминутни богаташи 59
Празници 61
Распродаја библиотеке „Еротикон" 63
Још сто година самоће 66

Четврти талас
Снови о сликарима и лудацима 71
Људи видре и људи чигре 79
Го у трамвају 84

Пети талас

Концепт за писмо кустосу „Срећне нове галерије"... 89
Како писати за читаоце с краја XX века?.......... 91
Отворено писмо читаоцима романа „Причина
    и друга књига причине" 94
Писмо беспрекорном читаоцу.................... 99

Шести талас

Крик-фикс, клик-микс или Нешићеве игре на мапи . 105
Уметник у ходању 108
Јорда – лик из ненаписаног романа или Човек
    са својствима........................... 111
Чупање душе или О жртви и џелату 115
Музеј људских душа 118
Прокопиев у Мак-Хедонији..................... 122

Седми талас

Борхес и Борхесовци, десет година касније 131
Занос, наркоза и уметност приповедања 135
Расклапање ветрењача 139

Таласи, таласи...

Кућица за птице 151
Одгађало-Отезало............................. 153

Поговор

Спасавање главе 159

Белешка о аутору 163

Миленко Пајић
ЛАМЕНТ НАД ЛАВАБООМ

*

Главни уредник
ЈОВИЦА АЋИН

*

Рецензент
ЂОРЂЕ ПИСАРЕВ

*

Лектор
НАДА ГАЈИЋ

*

Коректори
МИРОСЛАВА СТОЈКОВИЋ
МИЛАДИН ЂУЛАФИЋ

*

И. П. РАД, д. д.
Београд, Дечанска 12

*

За издавача
ЗОРАН ВУЧИЋ

*

Припрема текста
Графички студио РАД

*

Штампа
Codex Comerce
Београд

CIP – Каталогизација у публикацији
Народна библиотека Србије, Београд

886.1-4

ПАЈИЋ, Миленко
 Ламент бад лавабоом / Миленко Пајић. – Београд : Рад, 1998 (Београд : Codex Comerce). – 168 стр. ; 20 cm. – (Знакови поред пута)

Белешка о аутору: стр. 163.

ISBN 86-09-00568-2

ИД=67725068

www.ingramcontent.com/pod-product-compliance
Lightning Source LLC
Chambersburg PA
CBHW071715090426
42738CB00009B/1777